D1661666

Genuss mit Herz und Verstand

The Smart Way
To Feel Better

Mareike Weisenfeld

Glücksuniversum Verlag

Bibliografische Information der Deutschen Nationalbibliothek
Die Deutsche Nationalbibliothek verzeichnet diese Publikation in der
Deutschen Nationalbibliografie; detaillierte Informationen sind im Inter-
net über **http://dnb.d-nb.de** abrufbar.

Lektorat: Marion Glück
Korrektorat: Bianca Weirauch
Autorenfotos: Mareike Weisenfeld
Grafiken: Mareike Weisenfeld
Umschlaggestaltung: Grit Gebauer
Umschlagabbildung: Angela Ziller
Satz und Layout: Marion Glück und Grit Gebauer
Herstellung: BoD – Books on Demand, Norderstedt

Erstausgabe
© 2021 Glücksuniversum Verlag

ISBN Softcover   978-3-949536-09-0
ISBN E-Pub   978-3-949536-10-6

Glücksuniversum Verlag ist ein Imprint der
Glücksuniversum GmbH, Ruhlsdorfer Straße 120, 14513 Teltow

Der Glücksuniversum Verlag produziert **perfekte nichtperfekte Bücher**.
Wenn Sie einen **FEHLER** entdecken, ärgern Sie sich bitte nicht. Werden
Sie zum **HELFER** und senden Sie uns Ihre Anregungen an Ver-
lag@gluecksuniversum.de

Weitere Informationen zum Verlag finden Sie unter:
www.gluecksuniversum.de/verlag/

WIDMUNG

Dieses Buch möchte ich DIR widmen. Ich denke, dass es einen guten Grund für die Veröffentlichung dieses Buches gibt und dafür, dass du genau dieses nun in den Händen hältst.

Inhalt

Danksagung

Ich bin dankbar für all die Menschen, die mich mit ihrem Interesse, ihrem Ohr und ihrem Glauben an mich und dieses Projekt unterstützen, und für all jene, die mich in den unterschiedlichsten Kulturen auf Reisen inspirierten.

Danke, Mad, dass du mich genötigt hast, meine Rezepte schriftlich festzuhalten.

Genuss mit Herz und Verstand

Vorwort

Schön, dass du da bist!

Da du dieses Buch in den Händen hältst, verfügst du bereits über die nötigen Grundvoraussetzungen, um deine Lebens- oder Ernährungsweise erfolgreich neu gestalten zu können.

Du …
- ✓ interessierst dich für die Zusammenhänge zwischen Ernährung und Gesundheit,
- ✓ hast ein offenes Ohr für dich, deine Gedanken und deinen Körper,
- ✓ wünschst dir mehr Durchblick und Selbstwirksamkeit,
- ✓ weißt, dass dir niemand (auch ich nicht) eine fertige Lösung servieren kann,
- ✓ hast Lust auf neue Sichtweisen,
- ✓ hast Freude an dem Gedanken, alte Gewohnheiten durch gesündere zu ersetzen,
- ✓ bist bereit, Neues zu kreieren. Dir ist bereits bewusst, dass erfolgreiche Veränderung bei dir selbst beginnt,
- ✓ hast nicht den Anspruch, perfekt sein zu wollen.

Wenn dem so ist, dann wirst du mit den folgenden Seiten viel Freude haben. Los geht's.

Genuss mit Herz und Verstand

Kurztrip – vom Kopf zum Bauch und zurück

Stell dir vor: Dein Paket mit der lang ersehnten Bestellung ist angekommen. Nun hältst du es in den Händen und darfst es endlich auspacken. Die Vorfreude ist groß und du kannst es kaum erwarten.

Doch die Verpackung macht es dir nicht leicht. Allein mit bloßen Händen scheint das Auspacken nicht möglich zu sein und ein Schneidewerkzeug ist nicht zu finden.

Langsam wirst du ungeduldig. Nach einiger Anstrengung gelingt es dir dann, das Objekt deiner Begierde von dem restlichen Verpackungsmüll zu befreien. Unglaublich – so viel Aufwand und Abfall für so wenig Inhalt.

Das lang ersehnte Stück in den Händen haltend, kennt dein Jubel nun kein Halten mehr. Doch dann – plötzlich verdunkelt sich deine Miene. Erst bist du ungläubig, dann wütend. Deine Empörung steigert sich und du fragst dich, wie das passieren konnte. Was hast du bloß verkehrt gemacht? Deine Bestellung war doch eindeutig klar, da besteht kein Zweifel?!

Da bestellst du dir das neueste Smartphone, hast eine Stange Geld dafür hingelegt, hast gewartet, hast ewig mit der Verpackung gekämpft, sitzt auf einem Haufen Müll, der aufwendig entsorgt werden muss, und das alles für einen DUMMY?!
Kann das ein Versehen gewesen sein? Sowas muss man doch merken! Nachdem sich deine Aufregung gelegt hat, besinnst du dich und gibst dieselbe Bestellung noch einmal auf. Zur Sicherheit schickst du sie zweimal ab – sicher ist sicher. Doch nicht genug,

13

eine Beschwerde-Mail scheint dir an dieser Stelle durchaus angebracht zu sein.

Genau DAS ist es, was den meisten von uns tagtäglich passiert. Unser Körper erfährt Täuschungen und unser Bauchgefühl wird überhört. Bombardiert mit Mogelpackungen und leeren Inhalten, bleibt ihm nichts anderes übrig, als Nachforderungen zu stellen, zu rebellieren oder uns hier und dort mit einem „Zipperlein" abzumahnen.

Doch anstatt unserer innersten Stimme, ihren Bedürfnissen und Lösungen zu lauschen, versuchen wir, diese Signale stummzuschalten oder zu übertönen.

Würdest du für einen Chef arbeiten, der dir pausenlos alles abverlangt und dann auch noch erwartet, dass du auf deinen Lohn verzichtest?!

Sicher würdest du kündigen, schließlich sind das ja keine Zustände – da wären wir uns wohl einig. Doch für deinen Körper sieht das anders aus. Der kann sich schlecht einfach von dir scheiden lassen oder kündigen.

Und eigentlich – so ganz unter uns – seid ihr doch ein klasse Team; nur an der Verständigung hapert es vielleicht manchmal. So viele Jahre geht ihr nun schon durch dick und dünn. Ein ganzes Leben lang werdet ihr einander Tag und Nacht begleiten.

Ja, du hast mit deinem Körper und seiner Herzensstimme einen wunderbaren Partner an deiner Seite, mit direktem Draht zum Unterbewusstsein. Beide sind bedingungslos bereit, alles zu tun, um dich nicht nur am Leben, sondern auch gesund zu halten und dich in deiner Manifestierung zu unterstützen.

Doch das funktioniert nur, wenn du bereit bist, ihnen die nötige Aufmerksamkeit zukommen zu lassen und sie mit dem versorgst, was wirklich nährt:

zum Beispiel aktiv über eine bewusste Ernährung und eine gesunde, geistige Grundeinstellung. Wie das funktioniert und aussehen bzw. schmecken kann, wirst du nun Stück für Stück erfahren. Dieses Buch wird dich auf deinem Weg begleiten und dir mit Impulsen, Informationen und Inspirationen eine Richtung weisen, an der du dich langfristig orientieren und neu erfinden kannst.

Die von mir abgesteckte Route wird dich jenseits der ausgetretenen Pfade durch Körper, Geist und Seele führen.

Hier und dort werden wir an Märkten haltmachen, in dampfende Kochtöpfe und fremde Küchen schauen. Wir werden immer wieder Gelegenheit haben, uns inspirieren zu lassen und innezuhalten.
Du wirst unterwegs auf Vertrautes und auf Unbekanntes stoßen, auf Altes und Neues. Vielleicht wird die ein oder andere Erkundung auch an den Grundfesten deiner Programme und Einstellungen rütteln. Dann ist es wieder Zeit für eine Pause.

Es geht nicht darum, die Ernährung perfekt machen zu wollen. Vielmehr geht es darum, sich neue Betrachtungsweisen und Herangehensweisen zu erschließen, mit denen das Erleben sowie das Gestalten der eigenen Ernährungsform langfristig intuitiv, in Harmonie mit dem Bauchgefühl geschieht.
Dazu können sich meine Empfehlungen, Informationen und Methoden als nützliche Updates und Wegweiser entpuppen.

Genuss mit Herz und Verstand

Routenplanung Lebensqualität

Vielleicht hast du dich schon oft gefragt, was eine gesunde Ernährung tatsächlich ausmacht und wie du vielleicht sogar langfristig und natürlich Gewicht verlieren kannst. Diäten sind dazu eher nicht geeignet, da sie nur kurzfristige Veränderungen hervorrufen und Aspekte wie Gesundheit und individuelle Bedürfnisse nicht berücksichtigen, was wiederum zum Beispiel die berühmten Jo-Jo-Effekte verursachen kann.

Ob vegetarisch, vegan, keto, low fat oder Eiweißdiät – die Erfolgsversprechen unterschiedlichster Ernährungsmethoden sind scheinbar ebenso groß wie ihre Widersprüche. Deshalb streben wir eine ganzheitliche Ernährungsumstellung an, die zum einen auf der Basis natürlicher und qualitativ hochwertiger Rohstoffe beruht – Nahrung, für die unser Körper geschaffen ist. Zum anderen geht es um den Bezug zu unserer Ernährung, unsere innere Wahrnehmung und Einstellung zum Essen selbst.

Nicht WIE VIEL, sondern WAS!

Es geht nicht um die Menge an Kalorien, sondern um die Nährstoffsättigung auf Zellebene und die Wirkung der Ernährung im Organismus.

Jeder Mensch ist verschieden und verfügt über einen individuellen Stoffwechsel. Der Stoffwechsel ist die Fähigkeit einer Person, aufgenommene Nahrung gemeinsam mit Atemluft in den Körperzellen in Lebensenergie umzuwandeln.
Der Stoffwechsel ist aber nicht starr, sondern dynamisch. Er spiegelt die Informationen des kompletten bisherigen Lebens wider.

Ziel sollte es aus meiner Sicht sein, den Stoffwechsel zu optimieren und den Körper bzw. die Zellen mit ausreichend verwertbaren Vitalstoffen zu versorgen und den Organismus zu entlasten.

Auf lange Sicht ist deshalb eine entsprechende Ernährungsumstellung empfehlenswert; so lassen sich auch langfristig ein erhöhtes Bewusstsein und mehr Lebensqualität gewinnen. Du wirst mit hoher Wahrscheinlichkeit bemerken, dass du schon bald über mehr Lebensenergie verfügen und besser schlafen wirst, dass sich gesundheitliche Beschwerden verbessern und du auch geistig wacher und fitter sein wirst.

Deine Zellen sind von Natur aus auf die Verwertung von Fetten spezialisiert und können daraus lang anhaltend und konstant Energie gewinnen. Deshalb dürfen diese in der Küche auf keinen Fall zu kurz kommen. Die Speisen sättigen länger, kleinere Portionen reichen und Heißhungerattacken bleiben langfristig aus.

Eine Empfehlung, die sich bewährt hat, um den Stoffwechsel zu entlasten und nachhaltig überschüssiges Gewicht zu verlieren, ist folgende: Nimm deine erste Mahlzeit möglichst erst am Vormittag ab 9 Uhr zu dir, nachdem du zuvor mit einem Becher Tee oder warmem Wasser in den Morgen gestartet bist.

Die letzte Mahlzeit sollte vor 18 Uhr stattfinden und weder Fleisch noch Rohkost beinhalten. Zwischenmahlzeiten gilt es zu meiden. Dein Verdauungstrakt hat nämlich bereits Feierabend und hat an die Kollegen der Nachtschicht übergeben, die nun für die Regeneration zuständig sind.

Wahrscheinlich wirst du ohnehin sehr bald auch ohne sie auskommen.

Verstehe diese Zeiten als Richtzeiten, die dir helfen können, ein besseres Körpergefühl zu bekommen und die natürlichen Hunger- und Sättigungssignale mehr und mehr wahrzunehmen. An ihnen kannst du dich dann immer wieder neu ausrichten.

Die besten Empfehlungen nützen nichts, wenn sie nicht mit Freude umgesetzt werden. Gib dir und deinem Körper Zeit, sich auf neue Gewohnheiten einzulassen. Es muss nicht gleich alles auf einmal passieren. Erlaube dir, diesen Prozess zu genießen, finde dein Maß und dein Tempo. Du gehst diesen Weg nicht, weil du irgendwo ankommen musst. ☺

Dazu habe ich in diesem Buch noch einige praktische Übungen und Tipps für dich aufgeführt, die du nutzen kannst.
Neben dem WAS spielt nämlich auch das WIE eine entscheidende Rolle. Erlaubst du dir, deine Mahlzeit in Ruhe, mit allen Sinnen zuzubereiten und zu genießen? Schaffst du dir eine angenehme Atmosphäre und freust dich über das, was du auf dem Teller hast?

VERSTAND und BAUCHGEFÜHL
Vielleicht spürst du schon jetzt einen leichten, innerlichen Widerstand – das ist ganz normal. Unser Verstand zeigt sich selten kooperativ, wenn es darum geht, sich von Gewohntem zu lösen. Früher oder später wird er flexibler werden. Wenn du magst, halte kurz inne und lausche auf dein Bauchgefühl.

Ist eine gesunde Ernährung nicht teuer?

Das Problem ist nicht, dass gesunde Lebensmittel teuer sind, sondern dass uns minderwertige Nahrungsmittel viel zu billig angeboten werden. **Es geht nicht um den Preis, sondern um den Wert.**

Selbst eine Dose Ravioli käme mit 80 Cent nicht auf den Wert, den ein Kopf Broccoli mit 2 Euro hätte, und wäre damit in Wahrheit immer noch überteuert. Mehr noch – wir zahlen sogar noch drauf. Unser Organismus muss Eigenkapital investieren und bekommt nicht einmal Rendite. Ein schlechtes Geschäft.

Hier geht es vor allem um den gesteigerten Gesundheitswert, den ein echtes Lebensmittel für deine geistige und körperliche Gesundheit hat, ebenso um den Genusswert. Beides ist einfach unbezahlbar.

Qualität statt Quantität
Wer billig isst, zahlt drauf. Im Zweifelsfall mit seiner Gesundheit.

Zudem lässt sich tatsächlich sparen, denn es gibt viele Nahrungsmittel, die du preislich einsparen und so in gesündere Lebensmittel reinvestieren kannst. In Wirklichkeit brauchst du nämlich viel weniger, als du glaubst.

Vegan und glutenfrei?
Industriell hergestellte Produkte, die als vegan oder glutenfrei gekennzeichnet sind, enthalten oft Zutaten, die dem Organismus mehr schaden als nützen. Es gibt ausreichend „echte" Lebensmittel, die von Natur aus glutenfrei oder auch vegan sind.

Hierzu habe ich im Buch viele Hinweise für dich. Ohne Frage werden vor allem in Überflussgesellschaften wie der unserigen tierische Produkte (zum Beispiel Fleisch und Milch) oft in zu hohem Maße verzehrt. Wer allerdings komplett auf tierische Lebensmittel verzichten möchte, sollte sich im Klaren darüber sein, dass sich der Nährstoffbedarf des Körpers langfristig nicht allein über eine rein pflanzliche Ernährung abdecken lässt. Industrielle Ersatzprodukte wie zum Beispiel Seitan-Steaks bieten dir aus meiner Sicht keine perfekte Lösung.

Nicht selten berichteten meine Klienten, dass sich ihr Bauchgefühl mit Impulsen meldete, die ihren Prinzipien widersprachen, was wiederum für inneren Widerstand sorgte. Doch sobald sie diesen zunächst unerwünschten Impulsen Aufmerksamkeit schenkten und sie zuließen, konnten sie die tatsächlichen Bedürfnisse ihres Körpers erkennen und diesen im richtigen Maße und in gesunder Art und Weise gerecht werden.
Daher empfehle ich dir: Nimm dir die Freiheit, die du brauchst, um flexibel und achtsam mit dir und deinen Bedürfnissen umzugehen. Denn es fördert nicht nur deine Gesundheit, sondern sorgt auch für innere Zufriedenheit und Gelassenheit.

Eine glutenfreie Ernährung halte ich grundsätzlich für sinnvoll, denn sie bringt viele unerwartete, gesundheitliche Vorteile und kann für viele Beschwerden das entscheidende Puzzleteil zur Lösung sein. Am einfachsten und effektivsten ist dabei das komplette Weglassen von Produkten, die Getreide enthalten. Wenn du dich tiefergehend mit der menschlichen Evolution auseinandersetzt, wirst du dir vielleicht auch bald die Frage stellen, ob wir überhaupt für die Verwertung von Getreide geschaffen sind.

An dieser Stelle ist es nur wichtig zu wissen, dass du auch Produkten aufsitzen kannst, die Gluten oder Getreide enthalten, ohne dass du dies vermuten würdest oder es für das bloße Auge ersichtlich ist. In der Lebensmittelindustrie und der Gastronomie kommen diese Produkte häufig als Binde- oder Streckungsmittel zum Einsatz.

Vegane Ernährung bei Kindern?
Für die optimale Entwicklung von Kindern und Jugendlichen ist wichtig, dass sie auch immer mal wieder mit tierischen Produkten (Lebensmitteln) in Kontakt kommen und diese auch Verwendung in der Essensgestaltung finden.
Bestimmte Verbindungen, Eiweiße sowie wertvolle Fette sind in ihrer essenziellen Form nur in tierischen Produkten zu finden und sollten in natürlicher Form aufgenommen werden. Beispielsweise hat Eisen aus tierischen Produkten eine höhere Bioverfügbarkeit und kann vom Körper besser aufgenommen werden als jenes aus Kräutern.

So wichtig wie es ist, dass Kinder in Kontakt mit Keimen und Bakterien kommen, ist auch eine möglichst hohe Diversität von Lebensmitteln wichtig. Das Immunsystem kann sich so optimal aufbauen und es wird quasi eine Datenbank angelegt. Je mehr Informationen in Form von natürlichen Lebensmitteln dort eingespeist werden, desto geringer ist das Risiko für spätere Unverträglichkeiten oder Allergien.

Unsere Ernährung hat nicht nur Einfluss auf unseren Energiestoffwechsel, sondern auch auf unser Nervensystem: unseren mentalen und geistigen Zustand. Viele Zusatzstoffe wirken daher auch unterschwellig im Organismus, indem sie beispielsweise dein

Hormonsystem und damit zum Beispiel auch dein natürliches Sättigungsgefühl negativ beeinflussen.

Lass uns im nächsten Kapitel die Zusatzstoffe genauer unter die Lupe nehmen.

„Übeltäter" Zusatzstoffe

Bei deinem Einkauf kannst du mal einen genauen Blick auf die Inhaltsstoffe werfen. Hier findest du häufig artfremde Zusatzstoffe mit nachweisbar schadhaftem Einfluss auf deinen Organismus.

Dazu zählen unter anderem:
⇩   Glutamat
⇩   Sorbitanmonooleate und Emulgatoren
⇩   Verdickungsmittel (Carrageen)
⇩   Süßungsmittel
⇩   Stabilisatoren (Carboxymethylcellulosen)
⇩   Sulfite (vor allem in Senf, Marmeladen, Fertiggerichten etc.)
⇩   Bindemittel

Im Folgenden erläutere ich dir die einzelnen „Übeltäter" detailliert.

Glutamat wird auch Hefeextrakt genannt, beeinflusst das Nervensystem und wird beispielsweise auch mit Hyperaktivität und autoaggressivem Verhalten in Verbindung gebracht. Es gehört zu den Substanzen, die indirekt dick machen, obwohl sie keine eigenen Kalorien enthalten. Sie steigern beispielsweise den Appetit, bringen den Stoffwechsel durcheinander und stören oft auch die Konzentration.

In der Tierfütterung wird Glutamat gerne als Mastmittel eingesetzt. Es ist generell sinnvoll, solche dick machenden Substanzen zu meiden, selbst wenn du nicht unbedingt abnehmen möchtest. Teilweise werden sie mit zahlreichen verschiedenen Bezeichnungen deklariert. Um sie zu erkennen, musst du das Kleingedruckte meistens sehr genau lesen.

Folgende Begriffe geben dir eine gute Orientierung:
⇒ Glutamat
⇒ Mononatriumglutamat
⇒ Hefeextrakt
⇒ E621
⇒ Würze
⇒ fermentierter Weizen
⇒ Trockenmilcherzeugnis
⇒ Sojasoße

So wird aus einem problematischen Stoff eine vermeintlich gesunde Substanz gemacht. Glutamat hat eine eigene Geschmacksrichtung, die zuerst in Japan entdeckt wurde. Daher trägt diese Geschmacksrichtung den japanischen Namen Umami. Das bedeutet so viel wie „wohlschmeckend" oder „herzhaft". So finden wir diesen Stoff in Fertiggerichten und selbst in Restaurantküchen; vor allem in der asiatischen Küche wird gerne Glutamat verwendet. Auch Suppenpulver und Fertigsuppen in Tüten sind nicht frei davon. Sogar in Biogemüsebrühe-Pulver kannst du manchmal diese Form von Hefeextrakt finden.

Manche Menschen reagieren besonders empfindlich auf Glutamat. Davon sind vor allem Menschen betroffen, die sehr oft in asiatischen Restaurants gegessen haben. Dieses Phänomen wird auch Chinarestaurant-Syndrom genannt.

Sorbitanmonooleate und Emulgatoren: Bisher konnte keine Studie die Unbedenklichkeit dieser Zusatzstoffe belegen. In Tierversuchen wurde festgestellt, dass sie unter anderem Organschäden, Durchfall und Allergien auslösen. Es wurde eine tägliche Höchstdosis empfohlen, die jedoch schon mit dem Verzehr von kleinsten Mengen an Backwaren überschritten wird.

Enthalten sind diese Stoffe in vielen Produkten, die von den meisten Menschen täglich verzehrt werden, wie zum Beispiel Kuchen, Pudding, Eiscreme, Backwaren, Konfitüren, Soßen und Ähnliches.

Verdickungsmittel (Carrageen) hemmt die Nährstoffaufnahme im Darm, greift die Schleimhäute des Magen-Darm-Tracks an und kann Geschwüre und Allergien verursachen.

Schwefeldioxid und Sulfite sind die häufigsten Unverträglichkeitsauslöser unter den chemischen Zusatzstoffen. Diese Stoffe wirken gegen Bakterien und Hefepilze, verlangsamen Oxidationsprozesse und zerstören zum Beispiel Milchsäure. Somit wirken sie unmittelbar und aggressiv auf die Bakterienflora im Darm, Darmschleimhäute und das Nervensystem. Sie sorgen dort regelrecht für schlechte Stimmung.

Laut EU-Kommission nehmen Erwachsene bis zum 2,6-fachen und Kinder sogar bis zum 12-fachen der als akzeptabel geltenden Tagesdosis zu sich. Schwefeldioxid und Sulfite sind in Europa für 61 Lebensmittelgruppen als Konservierungsstoff zugelassen.
Die Industrie nutzt diesen Zusatz zum Konservieren ihrer Produkte, zum Beispiel für Kartoffelprodukte wie Pulverpürees oder Rösti, Trockenobst, Fruchtzubereitungen, Balsamico und Dressings, Fruchtsäfte und Gemüsezubereitungen, Senf, Würzmittel. Auch Meeresfrüchte werden auf diese Art haltbar gemacht. In Restaurants, die solche Produkte in ihren Speisen weiterverarbeiten, findet dieser Zusatz allerdings keine Kennzeichnung.

Süßstoffe sollten eigentlich beim Abnehmen helfen, weil sie keine Kalorien beinhalten und trotzdem süß schmecken. Doch in der Praxis funktioniert das Abnehmen mit Süßstoff oft nicht. Auch hier finden wir den Süßstoff in der Tierzucht als Mastmittel wieder. Das sollte dir zu denken geben. Süßstoffe können sehr unterschiedliche Substanzen sein. Es gibt beispielsweise Aspartam, Saccharin und Cyclamat, um nur ein paar der bekanntesten zu nennen. Eins haben sie alle gemeinsam. Sie täuschen unseren Organismus und beeinflussen unser Essverhalten negativ.

Sie regen den Appetit massiv an und täuschen unseren Organismus. Durch den süßen Geschmack freut sich der Körper schon auf einen kräftigen Schub Kohlehydrate und sorgt dafür, dass der Insulinspiegel in voreilendem Gehorsam bereits durch den süßen Geschmack ansteigt. Mithilfe des Unbewusstseins holt sich der Körper dann die Kohlehydrate, um die er betrogen wurde. So kann es beispielsweise passieren, dass man unbewusst mehr zu sich nimmt, als man eigentlich bräuchte.

Ich habe für mich das schlimmste Süßungsmittel identifiziert. Aspartam: Dieser Zusatzstoff wird für zahllose gesundheitliche Nebenwirkungen verantwortlich gemacht, da bei der Verstoffwechselung unter anderem Nervengifte entstehen. Neben chronischen Schmerzen sollen Gedächtnisverlust, Depressionen, Blindheit und andere Organschäden verursacht werden können. Es gibt sogar Risikogruppen, die den Verzehr strikt meiden müssen. Daher müssen entsprechende Nahrungsmittel mit Warnhinweisen gekennzeichnet sein.

Künstliche Aromen werden heutzutage den meisten fertigen Nahrungsmitteln zugefügt. Auch sie haben potenziell bedenkliche Wirkungen auf den Körper und den Appetit, weil sie Suchtpotenzial in sich tragen.

Ein typisches Beispiel ist Erdbeeraroma. Es schmeckt extrem erdbeerig; so stark, dass die besten Erdbeeren der Welt mit diesem

Überaroma nicht mithalten können. Die meisten Kinder sind so an das künstliche Erdbeeraroma gewöhnt, dass ihnen Gerichte mit echten Erdbeeren nicht schmecken. Auf Speisen mit Erdbeeraroma sind sie jedoch oft ganz versessen.

Besonders kritisch ist das Vanillearoma. Es wird schon der Babynahrung zugesetzt, sodass sich bereits Säuglinge an den Vanillegeschmack gewöhnen, und zugleich regt es stark den Appetit an.

> Bisher hast du deinem Körper vielleicht überwiegend konventionelle Nahrung (für den Großteil unserer Gesellschaft als „normal" angesehen) vorgesetzt und dich damit unbewusst vieler Vorteile beraubt.

Bindemittel, wie Speisestärke, Mehl/Gluten und glutenfreie Kleber aus Mais/Reis sind in nahezu jedem Nahrungsmittel vorhanden, denn Gastronomie und Industrie sind ganz verrückt danach. Sie sind günstig, eignen sich hervorragend zum Strecken oder auch als Konsistenzgeber aufgrund ihrer „klebenden" Eigenschaften. (Gluten ist ein in Getreide vorkommendes Klebereiweiß.)

In unserem Körper wirken sie ähnlich wie Zucker. Die meisten Bindemittel verhalten sich auch in unserem Organismus zäh, denn sie verkleben unter anderem die Darmzotten. Darmzotten kannst du dir wie kleine, fein behaarte Finger vorstellen. Sie filtern die

Nährstoffe aus der Nahrung. Wenn sie verkleben, können sie ihre Arbeit nicht mehr richtig erfüllen.
Zudem treiben Bindemittel den Blutzuckerspiegel in die Höhe, lösen Heißhungerattacken aus und stören das natürliche Sättigungsgefühl.

Tückisch sind diese Bindemittel deshalb, da sie für das bloße Auge oft nicht sichtbar sind und auch außerhalb der Backstuben verwendet werden, dort wo man sie am wenigsten vermuten würde, so zum Beispiel in Saucen oder Suppen, in Marinaden, Panaden, Frikadellen jeder Art und Süßspeisen.

Na, welche Gedanken gehen dir gerade durch den Kopf?

_____

_____

_____

_____

_____

_____

_____

_____

Auf den folgenden Seiten wirst du jede Menge positive Aspekte und Effekte kennenlernen, die du dir zunutze machen kannst.

Signale und Verbindungen

Das Bauchhirn: Psyche und Immunsystem

Ich sage immer: Bei Unordnung im Bauch leidet auch der Geist.

Im Gehirn ist gespeichert, welcher Geschmack für welchen Nährstoff steht. So wird der Appetit entsprechend gesteuert. Das funktioniert nur, wenn auch ECHTE Nahrung verzehrt wird.

Natürlicher Geschmack ist also ein wichtiges Informationsmedium. Folglich kommt es durch industrielle Nahrung und künstliche Stoffe zu Fehlinformationen.

Einfache, natürliche, artgerechte Nahrung hingegen unterstützt unseren Organismus zuverlässig und effizient.

Die Schaltzentrale des Immunsystems sitzt im Darm!
Über 70 Prozent der Abwehrzellen sitzen im Darm.

Unser Darm denkt und fühlt; er hat also enormen Einfluss auf unser geistiges Wohl und unser Verhalten.

Er ist autonom, steuert unser Gehirn und versorgt es mit Informationen. Tatsächlich kommen 90 Prozent dieser Informationen, die im Gehirn verarbeitet werden, aus dem Darm.

Auf ihn ist Verlass, denn er weiß oft längst, was er benötigt und was richtig für uns ist, noch bevor sich unser Verstand meldet. Wir müssen unseren Darm nur wahrnehmen.

In unserem Darm siedeln unterschiedliche Bakterienstämme, die sich je nach Nährboden unterschiedlich vermehren.

Diese Bakterien steuern diverse Stoffwechselvorgänge und wirken vor allem im Hormonstoffwechsel. Somit sind sie beispielsweise für die Dopaminsynthese oder auch die Serotoninsynthese verantwortlich. Dopamin ist ein Glückshormon, welches unter anderem auch deine Motivation beeinflusst. Serotonin ist ein hormonähnlicher Stoff, der im Nervensystem an verschiedenen Prozessen beteiligt ist, unter anderem am Schlaf-/Wachzyklus, der Konzentration, dem Essverhalten, Sexualverhalten und auch an emotionalen Prozessen.

Die Einflüsse reichen von Stoffwechselstörungen, Depressionen über Demenz bis hin zu Autoimmunerkrankungen.

Grund dafür ist ein hausgemachtes Defizit der Bakterienflora. Denn WIR sind es, die den Darmbakterien Futter geben und die Art des Nährbodens bestimmen.

Da unsere Ernährung jedoch überwiegend so zusammengesetzt ist, dass sich vorwiegend die „schlechten" Bakterien ansiedeln und vermehren können, gehen die „guten" Bakterien meist leer aus bzw. sind in der Unterzahl.

Wir können uns also als Gärtner verstehen und durch ein bewusstes Ernährungsverhalten dafür sorgen, dass sich möglichst viele für unser Wohlbefinden förderliche Bakterienstämme willkommen fühlen und uns unterstützen.

Ebenso verhält es sich in Bezug auf unsere Geisteshaltung, die wir möglichst mit positiven Gedanken nähren sollten.

**Ein interessanter Fakt, der mich zum Nachdenken gebracht hat:
Viele psychische Krankheiten manifestieren sich über den Körper,
vor allem auch im Darm: Reizdarm-Medikamente sind beispielsweise ein Nebenprodukt von Medikamenten, die ursprünglich bei
Angstzuständen psychiatrisch eingesetzt wurden.**

Vielleicht kommst du deinem Bauchgefühl schon näher.

Übrigens, die erste Erwähnung dieser Darm-Hirn-Verbindungen
gab es im Jahr 2015, als Daniel Erny vom Universitätsklinikum
Freiburg und seine Kollegen einen auf den ersten Blick eher un-
wahrscheinlichen Zusammenhang untersuchten: Sie wollten wissen, welche Rolle die Darmflora für das Wohlergehen der Mikrog-
lia im Gehirn spielt. Diese speziellen Fresszellen bilden eine Art
Aufräumtruppe des Gehirns, die abgestorbene und fehlgebildete
Nervenzellen entsorgt, aber auch Proteinablagerungen und einge-
drungene Keime beseitigt.[1]

---

[1] Kompletter wissenschaftlicher Artikel auf SCINEXX: https://www.sci-
nexx.de/news/medizin/darmflora-haelt-das-gehirn-gesund, zuletzt abgerufen am
04.10.2021

Betriebssystem und Einstellungen

Du bist eine Einheit von Körper (Physis), Geist und Seele (Psyche). Psychische Ursachen für Unwohlsein schlagen oft auf den Magen oder können sogar zu ernsthaften Erkrankungen führen. In der Aussage, dass Gedanken krank machen können, steckt viel Wahres. Die gute Nachricht ist, dass es auch umgekehrt funktioniert.

Dein Verstand fungiert als mentale Kraft und hat oft eine „Vermittlerrolle" zwischen körperlichen und seelischen Problemen.

Ist es nicht schön zu wissen, dass du nicht nur die Ernährung, sondern auch deine Gedanken als ein sinnvolles Instrumentarium verwenden kannst, um das Physische und Psychische im Einklang zu halten und in gesunde Bahnen zu lenken?

Denn deine (Denk-)Gewohnheiten formen dein Unterbewusstsein – ob positiv oder negativ – und dein Körper reagiert darauf.

„Essen und Trinken hält Leib und Seele zusammen." Auch da is(s)t was dran. Wenn du dich selbst magst, deinem Körper Gutes tust und auch auf eine harmonische geistige Pflege achtest, wirst du dich wirklich wohlfühlen. In einem gepflegten Körper fühlen sich auch deine Seele und dein Geist wohl. Diese körperliche und seelische „Hygiene" beginnt mit dem, was du zu dir nimmst bzw. aufnimmst: die Nahrung.

Doch genauso entscheidend ist das geistige Gut, was du deinem „Inneren" für die geistige Fitness anbietest oder der Seele zumutest. So wie du deinen Küchenschrank aussortierst, sortiere auch negative Gedanken aus.

Mit einer stabilen, gesunden Geisteshaltung lassen sich auch äu-ßere Einflüsse zum Besten wenden. Halte dich nicht mit destrukti-ven Gedankenmustern auf, sondern lenke deine Aufmerksamkeit auf positive Gedanken und Gefühle. Erlaube deinem Unterbe-wusstsein, jene konstruktiven Energien zu mobilisieren, die dich deiner gewünschten Veränderung näherbringen, und vertraue da-rauf.

Wissenschaftliche Studien belegen, dass wir durchschnittlich 65.000 Gedanken am Tag denken. Etwa 70 Prozent davon sind flüchtig und nicht wichtig, 27 Prozent sind negative, destruktive Gedanken und nur etwa 3 Prozent sind positive, kreative Gedanken.

Gedanken sind der Beginn der Tat.

Dem Großteil der Menschen fällt es leichter, sich an negative Si-tuationen zu erinnern, unter anderem, weil diese sich schneller abrufen lassen, denn sie haben sich förmlich in unsere neuronalen Bahnen eingebrannt. Je öfter wir ihnen Raum in unserem Leben geben, umso enger werden die negativen Gedanken- und Verhal-tensmuster gestrickt.

Evolutionsbiologisch hatte das einen Sinn und diente der Absicht, uns vor Gefahren zu schützen. Daher mag es uns anfänglich nicht ganz so leichtfallen, „stopp" zu sagen, um uns unserer Verhaltens-weisen, Ess- und Denkgewohnheiten bewusst zu werden und diese neu zu gestalten.

Wir dürfen uns Zeit nehmen, um positive Emotionen abzurufen und uns ins „Bauchgefühl" zu rufen, was uns wirklich guttut, was wir wirklich wollen und wohin die Reise gehen soll.

"Sei dir selbst dein bester Freund."

Update

Du möchtest etwas ändern? Vom Lesen allein ist noch niemand gesünder oder schlanker geworden. Die Praxis ist entscheidend.

Sicher hast du dich schon Sätze sagen hören wie:
„Das ist schwierig umzusetzen, weil ...“
„Aber das kann ich nicht, weil ...“
„Dafür habe ich keine Zeit, weil ...“
„Aber meine Kinder ...“
„Das schaffe ich nicht, weil ...“
„Meine Arbeitszeiten lassen das nicht zu ...“
„Ich würde ja, wenn ich könnte ...“

Diese Gedankenmuster lassen dich in einer Sackgasse auf und ab laufen und bremsen dich in deiner Kreativität und Produktivität. Viel schöner und auch effektiver ist es, wenn du dir vorstellst, was wünschenswert wäre bzw. ist und wie du dich damit fühlst.

Gewohnheiten lassen sich ersetzen, Abläufe und Muster lassen sich beliebig gestalten. Zeitmangel ist dabei kein Argument, es muss dir einfach nur wichtig genug sein, dann wirst du plötzlich auch die Zeit aufbringen können. Solange du den tiefen Wunsch nach einer positiven Veränderung – wie etwa einer Ernährungsumstellung – hegst und diesem Aufmerksamkeit schenkst, wirst du mehr und mehr lösungsorientiert denken und handeln. Ganz ohne Anstrengung.

Es spielt dabei KEINE Rolle, in welcher Situation du dich gerade befindest, wie deine Arbeitsbedingungen aussehen, ob du in einem Familienhaushalt lebst oder Single bist.

Auch du wirst mit der Zeit deine für dich passenden Möglichkeiten entdecken, die deine Wunschvorstellung Stück für Stück Realität werden lassen.

PROBLEME oder MÖGLICHKEITEN?
Werde dir der Macht deiner Gedanken bewusst und nutze diese Macht für dich und dein Vorhaben.
Was brauchst du für eine erfolgreiche Umsetzung?
Erfolg kommt von Erfolg-en.
Damit etwas erfolgen kann, braucht es die Tat.
Also: Machen!

Du kannst dir den Praxisbeginn erleichtern, indem du deine bisher aufgeführten Gründe, die du möglicherweise klar als Ausreden benennen kannst, durch positive, bejahende Aussagen ersetzt. Hierzu lade ich dich zu einer Übung ein, die du täglich nutzen und individuell ausbauen kannst.

Lies die Affirmationssätze bitte laut und höre, wie das klingen kann:
- ✓ „Ich gebe meinem Körper gerne das, was er wirklich braucht."
- ✓ „Es fühlt sich gut an, mich für bessere Lebensmittel zu entscheiden."
- ✓ „Ich nehme mir gerne Zeit für ..."
- ✓ „Es ist gut für mich, mehr frisches Gemüse zu essen."
- ✓ „Ich habe ein Recht auf Gesundheit und Lebensqualität."
- ✓ „Ich trage gerne die Verantwortung für mein Wohl."
- ✓ „Es macht mir Freude, meine Ernährung und mein Leben neu zu gestalten."

- ✓ „Es fällt mir leicht, an dem Regal mit den Süßigkeiten vorbeizugehen."
- ✓ „Es bereichert mich, auf Dinge zu verzichten, die mir nicht guttun."
- ✓ „Ich gewinne Tag für Tag neue Energie."
- ✓ „Ich investiere in mich und meine Gesundheit anstatt in Probleme und Krankheit."
- ✓ „Ich fühle mich mit jedem Tag leichter und leichter."
- ✓ „Ich freue mich über die Vielzahl an Möglichkeiten."
- ✓ „Ich bin dankbar, selbst entscheiden zu dürfen, was, wann und wie ich esse."
- ✓ „Ich freue mich, mein Hungergefühl wahrnehmen zu können und zu spüren, wann ich satt bin."

Mir fallen jetzt mindestens noch 10 weitere, zutreffende Aussagen ein. ☺ Vielleicht geht es dir genauso. Welche Aussagen möchtest du für dich ergänzen?

_____

_____

_____

_____

_____

_____

_____

_____

Ich möchte dir ein Beispiel für deine Praxis geben. Du beobachtest bei dir folgenden Gedankengang:

„Ich habe keine Zeit, noch etwas zu kochen, und außerdem weiß ich auch gar nicht, was ich einkaufen soll."

Diese Aussage könntest du wie folgt umwandeln:

„Ein Glück bin ich in der Lage, mir selbst etwas Gutes zubereiten zu können, ganz gleich, wie groß oder klein mein Zeitfenster ist. In der Gemüseabteilung werde ich sicher das Passende finden."

Mit dieser Perspektivänderung erlaubst du dir eine lösungsorientierte Herangehensweise, bist offen für neue Möglichkeiten und stärkst deine Selbstwirksamkeit.

Regelmäßig wiederholte Affirmationen sorgen dafür, dass sich destruktive Gedankenmuster reduzieren und dein Unterbewusstsein bzw. dein Bauchgefühl sich deinen Wünschen entsprechend ausrichtet und dich zielorientierter handeln lässt.

Gleichzeitig stärkst du deine innere Verbindung und wirst auch Signale deutlicher wahrnehmen können.

Je mehr Raum du den positiven Aspekten deines Lebens gönnst, umso mehr Raum werden sie auch in deinem Leben einnehmen.

Erlaube dir, das Ganze entspannt anzugehen. So kannst du zum Beispiel beginnen, auf stilles Wasser umzusteigen und ausreichend zu trinken. Nach einer Woche gehst du zur nächsten Etappe über und nimmst dir vor, einmal in der Woche eines der Rezepte nachzukochen, und die Woche drauf sind es vielleicht schon zwei Tage in der Woche. Auch die Übungen in diesem Buch können beliebig oft wiederholt werden und unterstützen deinen Erfolg nachhaltig.

Wenn du spürst, dass du dich selbst unter Druck setzt, dich schlecht fühlst und über dich selbst ärgerst, weil du einmal vom Kurs abkommen bist, besinne dich auf deine eigentliche Absicht und sei wohlwollend dir selbst gegenüber. Auch das Erkennen, dass du vom Kurs abgekommen bist, zeigt, dass sich bei dir dein Bewusstsein ausprägt. Deine Veränderung findet schon statt. Stolpersteine gibt es immer wieder, doch mit jedem Mal, das du dich wieder aufrichtest, kommt oft auch eine wertvolle Erkenntnis, die dich weiterbringt.

Favoriten

Generell sollte unsere Nahrung aus einem ausgewogenen Mix bestehen, den die Erde und das Meer zu bieten haben, und dies möglichst in naturbelassener Form:

- ✓ Vitaminreiche Nahrung mit unveränderten Lebensmitteln (Obst, Gemüse)
- ✓ Ballaststoffe (Gemüse, Kräuter)
- ✓ Geringe tierische Eiweiße
- ✓ Gegen „Übersäuerung": Basische Lebensmittel bevorzugen
- ✓ Omega-3-Fettsäuren
- ✓ Kalt gepresste Pflanzenöle
- ✓ Nahrungsmittel mit Spurenelementen und Antioxidantien
- ✓ Ausreichend stilles Wasser

Auf einen übermäßigen Gebrauch von Genussmitteln bzw. „Genussgiften" wie Alkohol, Zucker, Backwaren oder Nikotin lohnt es sich zu verzichten.

⇒ Mehr Leistungsstärke, körperliches und seelisches Wohlbefinden sind die Folge.

Natürliche Aromenvielfalt entsteht durch Küchenkräuter, Gewürze und Salz. Sie gehören zur Grundausstattung in jeder Küche. Sie fördern nicht nur Speichelfluss und Bekömmlichkeit, sondern ihre ätherischen Öle, Vitamine, organischen Säuren, Bitter- und Mineralstoffe sind wichtige Inhaltsstoffe, die sich unterschiedlich auf die Geschmacksnerven und die Enzymproduktion auswirken.

Auch das „Auge isst mit", ebenso Seele und Geist. Daher spielen Freude und Sorgfalt bei der Zubereitung eine nicht zu unterschätzende Rolle.

Ernährung und Psyche treten in eine Wechselwirkung.

Lebensmittel – die Mittel des Lebens – als Stimmungsaufheller sind die Grundträger für Leben und Energie. Dabei sollte auf einen ausgewogenen Säure-Basen-Haushalt des Körpers geachtet werden, denn eine „Übersäuerung" schwächt das Immunsystem und den Körper.

<u>Glückshormone durch Lebensmittel</u>

Aprikosen als frisches oder getrocknetes Obst (ungeschwefelt!) sowie **Cashewkerne** und **Eier** steigern das Glücksgefühl. Die Aminosäure Tryptophan ist reichlich enthalten und wird im Körper in den Neurotransmitter Serotonin umgewandelt. Es wirkt der Tagesmüdigkeit und Depression entgegen. Tryptophan wird teilweise in Vitamin B3 (Niacin) umgewandelt. Das wirkt gegen Schlafstörungen, Konzentrationsschwäche, Appetitlosigkeit und Gereiztheit.

Bananen sind nicht nur für Kleinkinder gedacht. Der hohe Anteil an Vitamin B6 wirkt Erschöpfungszuständen entgegen. Als stimmungsaufhellende Lebensmittel sind Bananen mit ihren

Nährstoffen wie Kalium und Tryptophan für Groß und Klein geeignet.

Spargel mit seinem enthaltenen Vitamin-B-Komplex spielt eine wichtige Rolle für das Nervensystem und die Gemütsverfassung. Nährstoffe wie Vitamine A, C, K, Folsäure, Kalium, Mangan, Protein und Kupfer tragen zur erhöhten Körperenergie bei und heben den mentalen und emotionalen Gesamtzustand.

Avocados enthalten gesunde Fette (ungesättigte Fettsäuren), Tryptophan, Vitamin B6 und Folsäure, die in dieser Kombination in das stimmungsaufhellende Serotonin umgewandelt werden.

Süßkartoffeln sind ein Kohlehydratpaket und bestehen aus vielen Nährstoffen sowie Eisen und Vitamin B6. Dagegen haben Stimmungstiefs, Depressionen, Heißhunger und Trübsinn keine Chance. Diese Knolle hält außerdem den Blutzuckerspiegel konstant.

Rosmarin und **Salbei** gelten als Heilkräuter. Ihre ätherischen Öle fördern die Durchblutung und wirken sich begünstigend auf verschiedene Hirnfunktionen aus. Der „Wohlfühlfaktor" ist Entspannung.

Chiasamen und **Leinsamen** sind reich an Lignanen. Die Omega-3- Fettsäuren wirken positiv auf Körper und Geist.

Lebensmittel, die außerdem ein hohes Maß an Antioxidantien beinhalten und somit zellschützend wirken:

Zimt ist antioxidativ, bremst deinen Heißhunger, fördert die Fettverbrennung und regt deinen Stoffwechsel an.

Echter Kakao, also Rohkakao, oder Bitterschokolade ab 80 Prozent möglichst pur und nicht in Kombination mit Milch wirkt ebenfalls antioxidativ. Er enthält Magnesium, Kalzium, Eisen, ungesättigte Fettsäuren und wirkt sich positiv auf Muskel- und Hirnfunktionen aus.

Naturbelassene **Walnüsse** und **Pekannüsse** reihen sich in die antioxidativen Lebensmittel ein und enthalten wertvolle Fettsäuren und Vitamin E. Sie liefern dir Nährstoffe für deine Nerven- und Gehirnzellen.

Dunkle Beeren, wie Blaubeeren und Brombeeren, wirken ebenfalls antioxidativ, stärken die Nervenfunktionen, Muskel- und Bindegewebe. Auch hier gilt: Starke Verarbeitung und Zusätze wie Zucker oder Milch heben die positive Wirkung auf.

<u>Schwarzer</u> **Kaffee** am besten in Form eines Espresso. Wer hätte das gedacht! ☺ Die Bohne wirkt antioxidativ, fördert die Durchblutung und wirkt stimmungsaufhellend. Allerdings können sich die positiven Eigenschaften nur entfalten, wenn im Anbau keine Pestizide und chemische Dünger eingesetzt und die Bohnen schonend weiterverarbeitet wurden. Du kannst dir sicher denken, dass das bei dem konventionellen Kaffee, den wir an jeder Ecke bekommen, wahrscheinlich eher nicht der Fall ist.

Mehr als einmal am Tag hast du die Möglichkeit, bewusst die bestmögliche Versorgung deines gesamten Organismus sicherzustellen. Schon mit deiner nächsten Mahlzeit kannst du einiges bewirken.

Bei einer gesunden Ernährung geht es nicht darum, mit ihr möglichst schnell irgendein Ziel zu erreichen. Deine Ernährung steht in enger Verbindung mit deiner physischen, geistigen und seelischen Gesundheit und ist somit dein stetiger Begleiter, auf den es sich zu achten lohnt.

Da die meisten von uns sich übermäßig stressigen Situationen, negativen Gedanken und Sorgen, schädlichen Umwelteinflüssen, vielleicht sogar Zigarettenrauch, Alkohol, Schlafmangel oder ungünstigem Nahrungsmittelkonsum aussetzen, kommt es im Organismus vermehrt zur Entstehung freier Radikale. Diese beschleunigen stark die Zellalterung und schädigen die DNA.

Die gute Nachricht ist, dass die Natur einiges für uns bereithält, womit sich diese Situation auf genussvolle Weise entschärfen lässt.

ECO-Modus

Saisonal – einseitig ausgewogen: Würdest du im Winter Shorts und T-Shirt tragen? Wohl kaum. Doch warm anziehen allein reicht deinem Körper nicht. Er will vor allem von innen heraus gewärmt sein und seine Abwehrkräfte aufrechterhalten.

Sicher meinst du es gut, wenn du gerade im Winter vermeintliche Vitaminbomben in Form von Obst zu dir nimmst. Doch die thermische Wirkung, die ein jedes Lebensmittel hat, wirkt in diesem Fall kühlend auf den Organismus und schwächt die Abwehrkräfte.

Nicht ohne Grund wächst in der kalten Jahreszeit in unseren Breitengraden kaum Obst. Viel eher sind Knollen, Kohl und Wurzelgemüse zu finden, die viel Energie für das innere Feuer liefern.

Das saisonale Angebot, das uns die Natur bietet, ist jeweils den Bedürfnissen unseres Organismus angepasst.

Es ist also ganz einfach, sich gesund zu ernähren, wenn da nicht dieses Riesenüberangebot an allem anderen wäre.

Am leichtesten lassen sich saisonale Lebensmittel erkennen, wenn du deinen Fokus auf die Obst- und Gemüseabteilung lenkst, vorzugsweise in Biosupermärkten oder Hofläden. Auch auf dem Wochenmarkt finden saisonale Produkte und regionale Erzeuger ihre Bühne.

So kultivierst du nach und nach auch dein intuitives, natürliches Ernährungsverhalten und bekommst ein gutes Gespür dafür, was du gerade brauchst.

Dabei bietet jede Saison neue Abwechslung.
Es ist also völlig natürlich, sich phasenweise über längere Zeit auf einige wenige Obst- und Gemüsesorten zu beziehen, auch wenn dies zunächst einseitig erscheint. Umso spannender ist es dann, die Vielfalt jener Produkte zu entdecken und sich mit Fantasie und Intuition ihrer Zubereitung zu widmen. Saison für Saison – das macht es im Ganzen ausgewogen.

Lebensmittel und Gewürze mit thermischem Einfluss können die innere Wärme anfachen oder bei zu viel Hitze gegensteuern. Ob bei Hitzewallungen, hitzigen Gemütern und Bluthochdruck oder kalten Füßen und morgendlicher Antriebsschwäche – wie du siehst, ist auch dagegen ein Kraut bzw. Gemüse gewachsen.

Lebensmittel

Wärmend:	Kühlend:	
Maronen	Obst	Blumenkohl
Haselnüsse	Milchprodukte	Broccoli
Walnüsse	Kokosnuss	Tomate
Knollengemüse, wie	Dinkel	Gurke
Kartoffeln, Rote Bete,	Gerste	Radieschen
Sellerie und Kürbis	Zucker	Champignons
Lammfleisch	Hirse	Spinat
	Artischocke	Spargel
	Aubergine	Zucchini

Gewürze und Kräuter:

Wärmend:
Ingwer
Chili
Basilikum
Salbei
Kurkuma
Zimt
Kreuzkümmel
Anis
Knoblauch

Kühlend:
Borretsch
Löwenzahn
Kresse
Liebstöckel
Zitronenschale
Klee

So kann man die Wirkung der Lebensmittel durch entsprechende Kombinationen ausgleichen und zum Beispiel im ohnehin schon kalten Winter die kühlende Rohkostspeise zum einen etwas erwärmen und zum anderen mit wärmenden Gewürzen kombinieren und umgekehrt. Da freut sich der Stoffwechsel.

Hardware – Pflege und Wartung

Was können wir tun, um unsere Zellen jubeln zu lassen und auf dieses so wichtige Gleichgewicht der inneren Säfte in unserem Körper hinzuwirken?

Machen wir uns zunächst mit einigen wichtigen Erkenntnissen aus der Ernährungslehre vertraut. Das folgende Grundprinzip findet sich auch in anderen chemischen Vorgängen wieder und wird in seiner Gültigkeit alle Diäten überdauern.

Gemessen wird der Säuregrad oder gewissermaßen sein „Gegenspieler" – die Alkalität. Die Messgröße ist der sogenannte pH-Wert.

Die gesamte Bandbreite der Messungen dieses Wertes liegt zwischen 0 und 14. Bei 7 liegt genau die Mitte, was nichts anderes bedeutet, als dass der Wert neutral ist, also weder sauer noch basisch (alkalisch) reagiert. Bei pH-Werten zwischen 0 und 6,9 sprechen wir von einem sauren, bei pH-Werten von 7,1 bis 14 von einem basischen oder alkalischen Milieu.

Die Nahrung wird auf ihrem Weg durch den Organismus also nach und nach mit unterschiedlichen Organsäften versetzt; von basisch bis sauer.

Magensaft

Je nach Funktion ist der pH-Wert bei den verschiedenen Körpersäften sehr unterschiedlich.

Beim Enzym der Bauchspeicheldrüse liegt er beispielsweise bei 8,8 (sehr alkalisch). Der Magensaft ist demgegenüber mit pH-

Werten, die zwischen 0,9 und 1,8 liegen, sehr sauer. Nachdem die starke Magensäure die Speise im Magen angesäuert und dadurch vorverdaut hat, wird sie nach dem Verlassen des Magens mit den alkalischen Verdauungssäften der Bauchspeicheldrüse und der Galle versetzt. So ist das Klima im Organismus, je nach Stoffwechsellage, einem ständigen Wechselbad unterworfen. Wichtig ist aber, dass er insgesamt ausgeglichen bleibt und nicht – was bei den meisten von uns die Gefahr ist – eher übersäuert ist.

> Dr. Vogel:
> „Ich habe bei den Naturvölkern praktisch keine chronischen Krankheiten festgestellt", erinnert sich Dr. Vogel, „aber sie ernährten sich viel einfacher, vollwertiger und basenreicher. Finden wir zu diesem Grundsatz zurück."

Der Körper hat eine Vielzahl eigener Puffer eingebaut, die in der Lage sind, eine übermäßig saure bzw. basische Reaktion abzufangen.

Solche Regulatoren im Säure-Basen-Haushalt sind etwa der Magen, die Nieren, die Haut, der Darm, die Lungen und das Bindegewebe.

Sie alle sind darauf bedacht, das Gleichgewicht zwischen Säure und Base ständig auszubalancieren. Das ist ein sehr faszinierendes, aber auch sehr delikates Unterfangen, denn die Schwankungsbreite ist äußerst gering. Sie liegt für Blut und Zellsäfte zwischen einem pH-Wert von 7,3 und 7,5.

Symptome bei Säureüberschuss

Je mehr saure bzw. säurebildende Nahrung (und davon konsumieren wir eben viel zu viel), aufgenommen wird, umso mehr basische Mineralstoffe muss der Körper bereitstellen. Solche basischen Mineralstoffe sind Kalzium, Kalium und Magnesium. Auch die Spurenelemente Kupfer, Eisen und Mangan sind basisch; sauer reagieren andererseits Schwefel, Phosphor, Chlor, Fluor, Jod und Silizium. Wenn nun aber die basischen Mineralstoffe angesichts zu viel saurer oder säurebildender Nahrung zu knapp werden, holt sich der Organismus zum Beispiel das Kalzium aus den Zellen, dem Gewebe und den Knochen.

Um Schadensbegrenzung zu betreiben und den Säureüberschuss loszuwerden, erhöht der Körper den Blutdruck. Freie Säuren werden vom Bindegewebe wieder ins Blut gebracht und dann durch die Nieren gepresst. Es entsteht dann ein saurer Harn, der im Extremfall auch schmerzt.

Ablagerungen und Puffersysteme

Wenn die Säuren nicht mehr vollständig abgebaut werden, führt das vor allem im Bindegewebe zu Ablagerungen, da nun die natürlichen Basenpuffer erschöpft sind. Das kann bei einer jahrelangen Ernährung mit hohem Eiweißanteil und anderen säureüberschüssigen Nahrungsmitteln geschehen. Dann spricht man von der klassischen Übersäuerung oder Azidose, wie sie einst von Alfred Vogel beschrieben wurde.

Diese Verschlackung des Organismus wird heute vielleicht deshalb noch immer nicht richtig ernst genommen, weil sie nicht sofort zu einer Krankheit führt, sondern dieses saure Klima erst langfristig, aber dafür umso sicherer, chronische Gesundheitsstörungen hervorruft. Sie ist oft die eigentliche Ursache, denn als Nährboden dient sie nahezu jeder Krankheit von Grippe bis hin zum Krebs. Der nächste Fehltritt ist dann wiederum, allein die Symptome dieser Störungen zu bekämpfen und dabei die Ursachen zu vergessen, was natürlich nicht zur wirklichen Gesundung beiträgt. Wird zum Beispiel der erhöhte Blutdruck mit blutdrucksenkenden Mitteln behandelt, dann dreht sich die Spirale der Übersäuerung umso schneller.

Basen spenden
Nun wenden wir uns den Möglichkeiten zu, der Übersäuerung entgegenzuwirken. Da neben der Ernährung auch die heutige Umweltsituation, die große Hektik, die Ozon- und andere Verschmutzungskonzentrationen in der Luft ebenfalls eine eher saure Reaktion im Körper hervorrufen, ist eine vorwiegend basenreiche Nahrung umso wichtiger.

Sogar in der Krebstherapie nutzt man mittlerweile die positiven Effekte einer basischen Ernährung, anstatt zur „Chemo-Keule" zu greifen.

Zu den zwar nicht sauren, im Körper aber säurebildenden Lebensmitteln gehören Fleisch, Eier (je nach Zubereitung), Käse, Hülsenfrüchte, Teigwaren und Süßigkeiten, auch Honig, Limonaden, Kaffee, Schwarztee, Früchtetees und Alkohol. Diese Nahrungsmittel sollten selten und wenn, dann nur als Beilage genossen werden. Auch Stress, Medikamente und jede Art von Sport bilden Säuren im Organismus und blockieren deren Abbau sowie eine basische Stoffwechsellage. Daran ist sicher auch für dich unschwer zu erkennen, dass mit der heutigen Ernährungsweise Millionen von Menschen mit verschlackten Körpern durchs Leben gehen.

Die Ernährung ist dazu gedacht, dem Körper das zu GEBEN, was er braucht. Er ist auf nährstoffspendende Lebensmittel angewiesen. Stattdessen wird er oft gezwungen, Raubbau in den eigenen Reihen zu betreiben. Dafür ist nicht die Lebensmittelindustrie verantwortlich. Am Ende liegt es am meist unbewussten Konsumverhalten jedes Einzelnen von uns.

Aber was sind denn nun eigentlich Lebensmittel und Nahrungsmittel?

Lebensmittel sind natürlich, mechanisch verarbeitet oder fermentiert. Umso stärker ein Lebensmittel verarbeitet wird, umso mehr LEBEN geht verloren. Es verliert also seine aktive Wirkungsweise, lebende Mikroorganismen und Enzyme werden reduziert. Auch einige Vitamine und Mineralstoffe sind empfindlich, wenn es um Hitze, Licht und Sauerstoff geht.

So werden vor allem durch industrielle Verarbeitung aus wertvollen Lebensmitteln leere Nahrungsmittel, die uns zwar Kalorien geben, aber unsere Zellen nicht wirklich nähren.

Mögliche Folgen von Säureüberschuss:

- ☹ Chronische Müdigkeit
- ☹ Wasseransammlungen im Gewebe
- ☹ Muskel- und Gelenkschmerzen
- ☹ Immer wiederkehrende Infekte
- ☹ Eine schleichende Schwächung des Knochenbaus sowie der allgemeinen Abwehrkraft
- ☹ Brüchige Nägel
- ☹ Tränensäcke
- ☹ Pilzerkrankungen (an Haut/Nägeln/Schleimhäuten)
- ☹ Empfindliches Zahnfleisch, Karies, Zahnverfall
- ☹ Gelenkbeschwerden, Rheuma, Arthritis und übermäßige Entzündungsanfälligkeit

---

Zu den BASEN-Spendern gehören:

Quinoa, gekeimte Saaten, Gemüse außer Tomaten (den Rohkostanteil nicht vergessen!), aber auch geringe Mengen Molke aus ROHMILCH, fermentierte Sojaprodukte, dunkle Beeren wie Blaubeeren oder schwarze Brombeeren.

Übung

Im Folgenden möchte ich dich noch einmal zu einer kleinen Übung einladen, die du auch direkt bei deinem nächsten Einkauf umsetzen und nutzen kannst.

Nun halte einmal inne und spiele in Gedanken Folgendes durch: Du gehst in den Supermarkt, beobachtest die Menschen und stellst dir die folgenden Fragen:

1. Was zählt zu den gesunden Lebensmitteln?
2. Wie erkenne ich diese?
3. Wie kann ich mir die Wahl leichter machen?
4. Wie hoch ist der Anteil der Lebensmittel, die im Einkaufskorb des Durchschnittsverbrauchers landen?

Wenn du das nächste Mal in der Obst- und Gemüseabteilung stehst, gönne dir einige Minuten und betrachte einfach nur die angebotenen Lebensmittel. Gehe dabei in dich und beobachte dein Innenleben. Vielleicht wirst du bemerken, dass einige Lebensmittel mit dir stärker in Resonanz gehen als andere. Lass dich von deiner Intuition leiten.

Beziehe ruhig auch deinen Tast- und Geruchssinn mit ein und lasse dein Bauchgefühl sprechen.

Und was passiert, wenn du anfängst, Nahrungsmittel durch Lebensmittel zu ersetzen?

Folgende gewünschte Nebenwirkungen können bei einer natürlichen und gesunden Ernährungsweise auftreten:

☺ Dein Körper wird jubeln.

☺ Du fängst an, langsam zu entgiften.

☺ Deine Vitalität steigt an.

☺ Dein Geschmacksempfinden verändert sich.

☺ Dein Organismus wird entlastet.

☺ Du wirst dich mental und physisch klarer und stärker fühlen.

☺ Du wirst entspannter sein.

☺ Du hast mehr Elan.

☺ Dein Hautbild wird frischer.

☺ Dein Energielevel bleibt länger konstant.

☺ Du wirst aufmerksamer.

☺ Du wirst positiv überrascht sein.

☺ Du wirst noch häufiges Lächeln und Freude ausstrahlen.

Welche weiteren, positiven Nebenwirkungen sollen darüber hinaus bei dir auftreten? LASSE DIR NOCH MINDESTENS 5 WEITERE EFFEKTE EINFALLEN.

Zeiteinstellung

Die Zutat „Zeit" lässt Aromen entstehen, sorgt für Geschmack, neutralisiert Schadstoffe und hilft, unerwünschte Substanzen abzubauen, macht künstliche Zusätze überflüssig, erhöht Bekömmlichkeit und Nährstoffpotenzial.

Zeit ist ein wichtiger Faktor und ein Qualitätsmerkmal – vom Wachstum, ob beim Tier oder der Pflanze und deren Früchten, über Lagerung, Zubereitung bis hin zum Verzehr.

So hat alles seine Zeit

Auch der Zeitpunkt beeinflusst die Wirkungsweise, was vor allem beim Essverhalten selbst deutlich wird. Ein und dasselbe Nahrungsmittel kann sich, zu unterschiedlichen Zeiten verzehrt, auch unterschiedlich auf den Organismus auswirken und entscheidet oft darüber, ob wir leistungsfähig bleiben, müde werden oder ob uns vielleicht die Verdauung Probleme bereitet.

Nicht umsonst lautet eine alte Bauernregel:

- ✓ Frühstücken wie ein Kaiser.
- ✓ Mittagessen wie ein Bauer.
- ✓ Abendessen wie ein Bettelmann.

Inspiration: Je mehr Zeit du sparst, umso weniger hast du.

Eine Tätigkeit dehnt sich genau in dem Maß aus, wie Zeit für ihre Erledigung zur Verfügung steht. In dem Maße, in dem wir Zeit „gewinnen", steigen unsere Ansprüche und Anforderungen, die oft aus nicht wesentlichen Dingen (Ablenkungen) bestehen.

Daher ergibt es Sinn, sich immer wieder selbst zu fragen: MUSS ich das jetzt tun? WILL ich das wirklich tun?

„Die Qualität des Seins bestimmt die Qualität des Tuns."
Thich Nhat Hanh

Wenn du magst, gönne dir mit folgender Übung eine kleine Auszeit.

Übung:

Wenn du dir zum Ziel setzt, dir mehr Raum für eine bewusste Ernährung zu nehmen, dann frage dich:

Welche positiven Konsequenzen hat es, wenn ich dieses Ziel zu meinem Weg mache?

Es ist sehr empfehlenswert, 7 ganze Sätze dazu aufzuschreiben. Wenn du vorhast, deine Ernährung umzustellen, kannst du diese Übung auch zu einem täglichen Ritual machen.

———————————————————————

———————————————————————

———————————————————————

———————————————————————

———————————————————————

Nun hast du schon viele positive Effekte von Lebensmitteln kennengelernt und auch immer wieder fiel in diesem Zusammenhang der Begriff Qualität.

Doch ist Qualität allein wirklich so entscheidend?

Ich habe Klienten begleitet, die in bester Absicht gute Produkte eingekauft haben und dennoch kaum positive Veränderungen erfahren hatten. Sie konnten weder die Zubereitung noch den Verzehr der Speisen wirklich genießen. Sie waren bei all dem sehr selbstkritisch, hatten Sorge, womöglich dennoch zu viel Kalorien zu sich zu nehmen, sahen es eher als Mittel zum Zweck. Der Schlüssel lag im Essverhalten selbst.

Wer zwischen Tür und Angel etwas in sich hineinschlingt, zweifelt oder schon bei der Zubereitung schlecht gelaunt ist, wird sich damit nichts Gutes tun, denn unter Stress kann der Körper weder richtig verdauen noch Nährstoffe aufnehmen. Erst wer diesem Vorgang Aufmerksamkeit schenkt, sich ihm mit Freude widmet und alle Sinne mit einbezieht, sorgt für eine optimale Verstoffwechselung und übt die Kunst des Genießens.

Einen interessanten Aspekt stellt übrigens auch die feinstoffliche Energie eines jeden Lebensmittels dar. Schon Einstein wusste, dass wir zu 99,999 Prozent aus Energie bestehen, welche sich aus unterschiedlichen Informationsmustern zusammensetzt. Dazu zählen beispielsweise Erfahrungen. Alles Erlebte wird als Information abgespeichert und hat eine eigene Frequenz. So nehmen wir mit jedem Lebensmittel nicht nur Närstoffe, sondern auch Informationen in uns auf. Man kann sich vorstellen, dass eine Pflanze, die unter harmonischen Bedingungen, in einer natürlichen Umgebung wachsen durfte und mit Sorgfalt aufgezogen und geerntet wurde, nicht nur besser schmeckt, sondern auch eine höhere feinstoffliche Qualität hat, die sich positiv auf uns auswirkt.

Aber woher weiß man das? Ist es messbar?

Die Antwort lautet: Ja. Es ist nicht nur messbar, sondern auch sichtbar. In der Quantenphysik beschäftigt man sich schon lange mit dieser Thematik. Ein sehr beeindruckendes Experiment, in dem Pflanzenstrukturen unter dem Mikroskop miteinander verglichen wurden, macht es sehr anschaulich. Wenn du mehr darüber erfahren möchtest, empfehle ich dir die **Bücher**:

Die unsichtbare Kraft in Lebensmitteln: Bio und Nichtbio im Vergleich von A. Walter Dänzler sowie

Die Botschaft des Wassers von Masaru Emoto.

Essen in Gesellschaft
Es ist eine Kunst, seine Bedürfnisse zu wahren, vor allem wenn man sich innerhalb einer Gemeinschaft befindet.

Versuche nicht, andere zu überreden, mit dir gemeinsam eine

Mahlzeit einzunehmen. Genauso wenig musst du dich verpflichtet fühlen zu essen. Rituale und auch das Speisen in Gemeinschaft sind sehr wertvoll. Es ist durchaus möglich, dem eigenen Maß und Rhythmus Raum zu geben und gleichzeitig in Gesellschaft zu sein, auch ohne selbst etwas verzehren zu müssen.

Ich möchte eine Erfahrung mit dir teilen. Wenn ich für mehrere Tage in ein Kloster gehe, folge ich den strukturierten Tagesabläufen, Aufgaben und Ritualen. Auch die Mahlzeiten werden stets in Gemeinschaft und zu den festen Zeiten eingenommen.

7.30 Uhr ist die Zeit für das Frühstück. Das ist absolut nicht meine Zeit. Mein Körper signalisiert meistens erst gegen 11 Uhr, dass ich Hunger habe. Doch das hindert mich nicht daran, mit Freude und lediglich einer Tasse Tee dem Frühstücksritual beizuwohnen. Gleiches gilt auch für andere gesellige Zusammenkünfte, die mit kulinarischen Freuden verbunden sind. Ich genieße das Beisammensein auch, ohne mir selbst etwas aufzutischen. Es kann dir gelingen, egal ob innerhalb der Familie oder zu gesellschaftlichen Anlässen. Ob du dich ausgeschlossen oder als Teil einer Gemeinschaft fühlst, hängt allein von dir ab und nicht von dem, was du auf dem Teller hast. Die anderen werden sich in erster Linie an deiner Präsenz und positiven Ausstrahlung erfreuen.

Woher weiß ich denn, was mein Körper wann braucht?
Dein Bauchgefühl wird es dir verraten.
Du wirst feststellen, dass für die Bedürfnisse deines Körpers ebenso wie für deine Seele neben dem Zeitpunkt auch noch ganz andere Faktoren eine Rolle spielen, zum Beispiel Lokalisation, Jahreszeit, körperliche und mentale Verfassung, Temperatur, Klima, das Umfeld (Stadt/Land).

Dein gesamter Organismus reagiert auf das jeweilige Umfeld und seine Informationen. Sinn und Zweck dabei ist es, sich anzupassen und dir mitzuteilen, was er braucht, um seine Funktionen optimal ausführen zu können und dir Wohlgefühl zu schenken. Deshalb ist es auch von Vorteil, keine starren Essgewohnheiten beibehalten zu wollen.

Ich gebe dir wieder ein Beispiel. Wäre ich strikte Veganerin, hätte ich in der Mongolei schlechte Karten gehabt. Dort kannst du nur von und mit dem leben, was das Land und die Natur zur Verfügung stellen.

Ackerbau gibt es dort kaum, die Vegetation ist klimabedingt kahl und dennoch wunderschön. Es gibt viele Wildkräuter und die Normaden leben vor allem von dem, was ihre Tiere ihnen geben.

Die Milch von Yak, Ziege, Pferd oder Kamel wird in unterschiedlichsten Formen und mit viel Muße weiterverarbeitet. Es wird nur selten ein Tier geschlachtet und dies auch nie ausschließlich für den Verzehr. Das Fleisch kann die Familie über einen längeren Zeitraum hinweg mit wertvollen Nährstoffen versorgen und auch Knochen, Sehnen und Fell finden ihre Verwendung. Dadurch, dass die Tiere viele für den Menschen nicht verzehrbare Pflanzen fressen, die jedoch reich an Nährstoffen sind, werden diese über den Fleischverzehr erst verfügbar. Obwohl ich kein großer Fleischesser oder Fan von vergorener Milch bin, spürte ich dort den klaren Impuls, dieses zu verzehren. Mein Körper hat es dankbar angenommen und positives Feedback gesendet. Du wirst also feststellen, dass sich deine Bedürfnisse stets den natürlichen Bedingungen anpassen und es ebenso natürlich ist, sie anzunehmen und keine Widerstände aufzubauen. Dies kannst du auch schon feststellen, ohne deinen Aufenthaltsort zu wechseln, beispielsweise innerhalb der Jahreszeiten.

Ich denke, wir können vieles von anderen Völkern und Kulturen lernen. Sie sehen sich nicht getrennt von der Natur, sondern als Teil von ihr. Sie versuchen nicht, sie zu kontrollieren oder zu dominieren, sondern pflegen mit ihr eine achtsame, wertschätzende Beziehung, in der sie nicht mehr nehmen, als sie zum Leben brauchen.

Genuss mit Herz und Verstand

Route berechnen – einkaufen

Versuche ruhig einmal, deine Lebensmittel nicht mehr im klassischen Supermarkt zu kaufen. Vielleicht meldet sich nun wieder dein Gehirn mit Gedanken wie: „Aber im Discounter bekomme ich alles viel günstiger." Vielleicht bist du der Meinung, dass es dort günstiger und die Ware genauso gut ist, doch nicht selten täuscht die Optik. Inzwischen weißt du, was Qualität wirklich bedeutet.

Hofläden, Ökomärkte, Wochenmärkte oder Naturkostläden sind die bessere Wahl. Die Produkte sollten entsprechend der Saison aus regionalem Anbau stammen, nicht bearbeitet oder chemisch behandelt worden und frisch sein. Dazu braucht es nicht einmal ein Biosiegel.

Erfahrungsgemäß schont man sogar den Geldbeutel, wenn man saisonorientiert auf dem Markt einkauft. Einen Saisonkalender findest du im hinteren Teil des Buches.

Du wirst feststellen, dass der Einkauf in einem Hofladen oder auf dem Wochenmarkt genauso schnell zur Gewohnheit wird wie der in einem nahe gelegenen Supermarkt.

Du wirst deine Lieblingsprodukte entdecken und möglicherweise die Beratung der Verkäuferin oder das Gespräch mit den Erzeugern als etwas Hilfreiches und Angenehmes empfinden. Je stärker du den alternativen Anbau unterstützt, umso effektiver kann dieser werden. Mache dir immer bewusst, dass nichts über ein ausgereiftes, aus der Region stammendes Produkt, das möglichst frei von Spritzmitteln ist, geht. Diese Hersteller verzichten oft auf das Biosiegel, da dies mit Auflagen verbunden ist, die in keinem direkten Zusammenhang mit dem eigentlichen Produkt stehen. Die Kosten und der Aufwand für eine Zertifizierung rechnen sich oft nicht, vor allem nicht für kleine Betriebe.

Es ist klüger, nicht zu Fertigprodukten zu greifen, auch wenn dort hochwertige Produkte verwendet werden oder mit Gütesiegeln geworben wird.

Falls du doch zu verarbeiteten Nahrungsmitteln greifst, ist immer auf die verwendeten Inhaltsstoffe zu achten. Vor allem Getreide, Stärke und versteckter Zucker, dazu zählen auch Fruchtzucker, Fruktose, Maltose, Melasse, Maissirup, Agavendicksaft etc., sollen gemieden werden.

> Als Faustregel gilt: Je länger ein Produkt haltbar ist, umso belastender ist es für den gesamten Organismus und füttert obendrein unerwünschte Pfunde.

Ebenfalls zu meiden sind Tiefkühlwaren (außer Kräuter, die du übrigens auch selbst frisch einfrieren kannst) und die Mikrowelle. Bevorzugte frische Gemüse sind jene, die über der Erde wachsen. Obst sollte nur selten und in kleinen Mengen verzehrt werden (vorzugsweise Beeren). Weniger ist Obst als Nachtisch zu empfehlen. Dazu später mehr.

An der Fleischtheke

Es gibt viel Kritik an dem Verzehr von Fleisch, obwohl es bei entsprechender Qualität durchaus gesundheitliche Vorteile bringen kann. Ohne Frage ist die industrielle Massentierhaltung auch aufgrund schlechter Lebensbedingungen der Tiere eine schlechte Lösung zur menschlichen Ernährung. Der exzessive Energieverbrauch, Kotentsorgung etc. sorgen für weitere, sogenannte Veredelungsverluste und einen entsprechenden ökologischen Fußabdruck.

Doch es geht auch anders, wie die Natur und auch das Modell der Weidehaltung zeigen. Die Folge muss daher nicht der Verzicht auf (Rind-)Fleisch sein. Rinder sind als Wiederkäuer nicht dafür gemacht, Getreide zu fressen. Allerdings werden sie in der Massentierhaltung dazu gezwungen. Ihre natürliche Nahrung sind Gräser und Kräuter. Ihr natürlicher Lebensraum ist Grasland.

Die Folgen des gegensätzlichen Haltungsmodells zeigen sich neben dem Tierwohl und dem ökologischen Nutzen auch in qualitativen Unterschieden des Fleischs von grasgefütterten gegenüber getreidegefütterten Rindern. Denn auch für Tiere gilt: Du bist, was du isst. Wenn ein Rind also auf der Weide steht und sich ohne Stress frei aus der Salatbar bedienen kann, steigt die Qualität seines Fleisches im Vergleich zu konventionell/industriell gezüchteten Tieren immens, mit großen Auswirkungen für den Menschen.

Der Unterschied zeigt sich durch mehr Bewegung und einer längeren Wachstumsdauer in einer besseren Muskelstruktur. Wie du siehst, spielt der Faktor Zeit auch hier eine große Rolle, denn in der Wirtschaft heißt es: „Zeit ist Geld."

Das Fleisch grasgefütterter Tiere behält in der Pfanne seine Größe und schmeckt aromatischer. Außerdem enthält es weniger gesättigte Fettsäuren, dafür einen höheren Anteil an Omega-3-Fettsäuren.

Auch das Omega-6-Omega-3-Verhältnis ist hierbei günstiger. Dieses Verhältnis gibt einfach ausgedrückt an, wie stark unsere Nahrung zu Entzündungskrankheiten beiträgt. Ein Verhältnis von 1:1 sei erstrebenswert. Man vermutet bei unseren gesunden Vorfahren ein Verhältnis zwischen 2:1 und 1:1. In der heutigen westlichen Ernährung strebt es eher gegen circa 20:1.

Nachweislich ist ein besseres als das übliche 6:3-Verhältnis vorteilhaft. So würden wir von mehr Omega-3-Fettsäuren in unserer Ernährung profitieren. Bei industriell produziertem Fleisch liegt dieses Verhältnis bei 13,6:1, bei grasgefütterten Tieren hingegen bei 2,78:1.

Gesundheitlich ist das sicher ein Pluspunkt gegenüber der industriellen Tierhaltung. Konjugierte Linolsäuren (engl. conjugated linoleic acids, kurz CLA) sind eine Gruppe von Fettsäuren, denen eine hilfreiche Wirkung beim Muskelaufbau und beschleunigten Abbau von Körperfett zugesprochen wird. Im Fleisch rein grasgefütterter Tiere ist die Menge der konjugierten Linolsäuren doppelt so hoch wie bei Getreidefütterung.

Das Biosiegel ist kein Hinweis auf Weidefleisch. Tatsächlich wirst du das Fleisch rein grasgefütterter Tiere wohl in keinem

Supermarkt finden. Sinnvoller ist die Suche nach Erzeugern in der eigenen Region.

Wildfleisch oder das beschriebene Weidefleisch bieten also das höchste Nährstoffpotenzial und sind in der Säurebildung schwächer als beispielsweise Geflügel.

Schweinefleisch ist stark säurebildend und hat vor allem durch seinen hohen Omega-6-Anteil eine entzündungsfördernde Wirkung. Daher wird beispielsweise Rheumapatienten empfohlen, insbesondere auf Schweinefleisch zu verzichten.

Nun sind dir bereits einige grundlegende Zusammenhänge bekannt. Vielleicht hast du hier oder dort entdeckt, dass ein Teil deiner bisherigen Gewohnheiten und Glaubenssätze lediglich durch die Gesellschaft, dein Umfeld und die Medien geformt wurden. Du weißt nun, welchen Einfluss deine Ernährung und deine Gedanken auf dein körperliches und geistiges Wohlbefinden haben und dass du die Wahl hast. Die Konsequenz bedeutet nicht pauschalen Verzicht, sondern Liebe zum Detail, die du dir gönnst. Du darfst entscheiden.

Zusammenstellung und Bekömmlichkeit

Ziel ist es, den Stoffwechsel so einzustellen, dass dieser seine Energie überwiegend aus dem Fettstoffwechsel bezieht. Bei diesem Brennstoffprofil bist du am leistungsfähigsten und kannst zugleich optimal im Gewebe abgelagerte Schlackenstoffe loswerden.

Je industrieller ein Produkt verarbeitet wird und Konservierungsstoffe und Geschmacksverstärker zugeführt werden, umso mehr wird die Funktionsweise deines Stoffwechsels blockiert. Erfahrungen haben gezeigt, dass sich eine Stoffwechselregulation am besten mit Produkten aus der Region, die der jeweiligen Saison entsprechen, einstellt.

In der Ernährungslehre der traditionellen chinesischen Medizin, Ayurveda oder Hildegard von Bingen hat man schon vor mehreren Jahrtausenden erkannt, dass der menschliche Stoffwechsel und das gesundheitliche Wohlbefinden deutlich höher sind, wenn der überwiegende Teil der täglichen Nahrung im gekochten Zustand eingenommen wird. Allgemein gilt: Je höher der Wasseranteil einer Speise, umso schneller wird sie verdaut und sollte demnach zuerst gegessen werden. Roh- und Frischkost wie zum Beispiel Salate werden vor einer warmen Mahlzeit gegessen. Außerdem sollte eine Mahlzeit nicht zu viele verschiedene Komponenten enthalten.

Die eingenommenen Nahrungsmittel werden im Magen-Darm-Trakt gelöst und weiterverarbeitet. Der Aufspaltungsprozess funktioniert, ähnlich wie beim Kompost, durch Wärme. Jede aufgenommene Nahrung, die eine geringere Temperatur als 37

Grad (Temperatur im Magen-Darm-Trakt) aufweist, führt zur Abkühlung und vermindert die Stoffwechselleistung und den Grundumsatz. Das kann sich unter anderem auch durch kalte Hände und Füße sowie schnelleres Frieren bemerkbar machen. Daher sollten Kaltgetränke zum Essen gemieden werden. Ein Grad Temperaturabfall im Magen-Darm-Trakt durch kalte Nahrung vermindert die Stoffwechselleistung um fast 20 Prozent. Je kälter die aufgenommene Nahrung ist, umso länger ist die Verweildauer im Magen-Darm-Trakt. Folgen können Verstopfung und Müdigkeit als Resultat von Fäulnisprozessen sein.

In den östlichen Ernährungslehren gilt sogar der Grundsatz: „Je länger ein Gericht köchelt, umso mehr Energie liefert es dem Körper." Vorausgesetzt, die Speisen werden nur mit geringer Hitze zubereitet und das nährstoffreiche Kochwasser wird nicht weggeschüttet.

Doch spielt auch die Frisch- bzw. Rohkost eine wichtige Rolle, denn sie enthält wertvolle Enzyme und Nährstoffe, die nur roh verzehrt dem Organismus zugutekommen. Rohkost lässt sich bis 40 Grad erwärmen.

Wenn du deine Nahrung einkaufst und zubereitest, solltest du das mit Liebe und Aufmerksamkeit tun. Versuche, den Umgang mit Nahrungsmitteln zu genießen und dir vor allem Zeit fürs Essen zu nehmen. Konzentriere dich dabei auch auf den Kauvorgang und kaue jeden Bissen bewusst 10- bis 30-mal.

Jetzt möchte ich dir ein paar Tipps für eine leichte Verdauung fernab von Völlegefühl und Trägheit mit auf den Weg geben.

Die richtige Reihenfolge (nach Dr. Bass) soll dir eine gute Orientierung bieten:

1. Getränke sollten 30 bis 60 Minuten vor der Mahlzeit getrunken werden.

2. Früchte werden nur auf leeren Magen gegessen, nicht gemeinsam mit anderen Lebensmittelgruppen (also auch nicht mit Joghurt, Quark, Müsli etc.) und niemals zum Dessert.

3. Melonen werden vor allen anderen Früchten gegessen. Nach einer Früchtemahlzeit wartet man 15 Minuten, bis etwas anderes gegessen wird.

4. Gemüse wird vor Stärkemahlzeiten und Kohlehydraten, wie zum Beispiel Kartoffeln, Hülsenfrüchte, Reis, Getreide, gegessen. Also Salate oder Gemüsegerichte immer vor der Hauptmahlzeit und nicht gemeinsam mit dieser.

5. Stärkemahlzeiten werden vor den Proteinmahlzeiten gegessen, also VOR den Fleisch-, Fisch- oder Eiermahlzeiten verzehrt und nicht mehr vermischt. Tierische Eiweißquellen, zum Beispiel Fleisch und Käse, werden nicht miteinander kombiniert.

6. Ein wichtiger Anhaltspunkt für die richtige Reihenfolge, in der die verschiedenen Lebensmittel gegessen werden sollten, ist die Verdauungsdauer, die jedes einzelne Lebensmittel benötigt. Diejenigen Lebensmittel mit der geringsten

Verdauungsdauer (oft höherer Wasseranteil) werden zuerst gegessen, diejenigen mit der längsten (tierisches Eiweiß/Fette) zuletzt.

Und dann möchte ich dir noch verraten, weshalb Fruchtsäfte und Zitrusfrüchte oft nicht vertragen werden. Hast du schon einmal ein großes Glas frisch gepressten Saft oder Obst zum Dessert genommen?

In deinem Magen liegen Salat, Bratkartoffeln, Gemüse, mit Käse Überbackenes, ein Croissant und Würstchen. Obenauf kommt nun das Obst oder der Saft. Diese würden normalerweise innerhalb weniger Minuten den Magen wieder verlassen.

Jetzt aber müssen sie viele Stunden auf ihre Verdauung warten. Den Ärger über diese Verzögerung bemerkst du an Magenkrämpfen, Blähungen, Sodbrennen etc. Kein Wunder, dass viele Menschen der Meinung sind, sie vertragen Obst oder generell Zitrusfrüchte nicht.

Das Obst kann in der Regel wenig dafür. Es ist mehr die Unkenntnis über die richtige Reihenfolge beim Essen bzw. das verloren gegangene intuitive Bauchgefühl.

Dieses Beispiel hat auch für andere Lebensmittelkombinationen Gültigkeit.

Da stellt sich doch glatt die Frage, wie es sich da mit Smoothies verhält. Diese enthalten in der Regel ganze Früchte, Gemüse, Kräuter oder Salatlätter, die bis aufs Kleinste zusammengehäckselt werden. Somit erspart er dem Verzehrenden das Kauen.

Mal angenommen, wir stellen uns einen Smoothie aus folgenden Zutaten zusammen:

1 Banane, 1 Karotte, 1 Avocado, eine Handvoll Weintrauben, etwas Leinsamen, Haferflocken, 2 EL Joghurt und ein wenig Agavendicksaft oder Ähnliches. Nun verflüssigen wir alles mit 300 ml Apfelsaft.

Und nun?

Stell dir vor, du hättest all die Zutaten im Ganzen vor dir. Was würdest du als Erstes essen und in welcher Menge?

Dadurch, dass du jeden einzelnen Bissen an den Mund heranführst, riechst du, kaust, schmeckst du und dein Körper kann Folgendes tun:

- ✓ Er bekommt genaue Informationen über Beschaffenheit und Zusammensetzung.
- ✓ Er bekommt die nötige Stimulation, um jeweils die entsprechenden Enzyme zur Aufschlüsselung zu produzieren.
- ✓ Er hat die Zeit, zu verdauen und alle Nährstoffe optimal und der Reihe nach aufzunehmen.
- ✓ Er hat die Möglichkeit zu signalisieren, ob, was und wie viel er tatsächlich möchte.
- ✓ Alle Sinne werden angesprochen und jede Zelle hat die Chance, die für sie notwendigen Informationen und Signale zu erhalten.

Doch mit dem Smoothie kommt alles auf einmal und unter normalen Umständen hättest du in der Menge, der

Zusammenstellung und Kürze der Zeit die Zutaten wahrscheinlich nicht essen mögen und können.

Dein Körper fühlt sich nahezu überrannt. Bekommt dein Körper all dies fertig zusammengemixt, gehen einige Stationen leer aus und der Verdauungsprozess bleibt unvollständig.

Bei Kindern ist das intuitive Essverhalten in der Regel noch intakt. Sie essen, wenn sie Hunger haben, selektieren oft gezielt und lassen nicht selten das ein oder andere liegen. Vor allem hören sie auf, sobald sie satt sind. Denn sie wissen tatsächlich ganz genau, was sie gerade brauchen und was nicht.

Man tut gut daran, ihnen beim Essen die freie Wahl zu lassen, und sie nicht dazu animieren zu wollen, aufzuessen, Regeln aufzustellen oder sie nur zu bestimmten Zeiten essen zu lassen. Auch mit „süßen Belohnungen" oder Nachtisch sollte man nicht locken.

Generell sollte Essen weder als Druckmittel noch als Belohnung eingesetzt werden. Auch das Essverhalten selbst sollte nicht bewertet werden. Sätze wie „Oh wie toll, du hast ja alles aufgegessen! Da freut sich die Mama aber!" sind fehl am Tisch.

Dadurch wird es Mittel zum Zweck und prägt das Essverhalten bis in das Erwachsenenalter hinein. Essen wird mit Liebe, Zuwendung oder Aufmerksamkeit verknüpft. Dazu zählen auch Verbote, die schmerzhafte Erfahrungen nach sich ziehen. Nicht selten entwickeln sich aus den entsprechenden Assoziationen und antrainierten Verhaltensmustern Essstörungen.

Ich hatte es einmal mit einem jungen Mädchen von zwölf Jahren zu tun. Sie nahm an einem meiner Kochworkshops teil und irgendwann bekam ich mit, wie sie heimlich Butter löffelte. Um sie nicht in Verlegenheit zu bringen, sprach ich sie nicht gleich darauf an und versuchte erst einmal, mehr über ihre heimischen Essgewohnheiten zu erfahren. Es stellte sich heraus, dass ihre Mutter scheinbar der Meinung war, das Fett schlecht und ungesund sei. Zur Schule bekam sie nur trockene Gemüsesticks und eine Scheibe Brot mit einem Hauch Margarine eingepackt. Beides mochte sie nicht.

Fette wurden also gemieden und wenn, dann gab es sie in Form von Margarine. Dieses stark verarbeitete Pflanzenfett ist eine dieser typischen Mogelpackungen. Eines dieser Pakete, wo draufsteht: „Ich enthalte gesunde Fettsäuren, Vitamine A, C, E sowie Proteine."

Doch stattdessen bekommt dein Körper ungesunde Transfette und keine Nährstoffe.

Dass da immer wieder und intuitiv der Heißhunger nach Butter durchkommt, ist kein Wunder. Seit unserem Gespräch wusste sie zumindest, dass sie es nicht verheimlichen braucht und zum Essen ruhig noch Butter hinzubekommen konnte. Ein Gespräch mit der Mutter folgte.

Deine Standorte
In diesem Kapitel wollen wir uns gemeinsam ansehen, welche Lebensmittel zu welcher Tageszeit passen können.

Auf den **Frühstückstisch** passt eine Kombination aus warmem oder bereits vorbereitetem und auf Zimmertemperatur gebrachtem Gemüse und Rohkost, zum Beispiel als gedämpftes Gemüse mit Salatbeilage oder Rührei mit Gemüse und Sprossen. Ebenso eignen sich Quinoa mit Gemüse besonders gut. Mittlerweile weißt du, dass der Stoffwechsel Wärme produziert. Je mehr Wärme du deinem Körper zuführst, umso höher ist die Stoffwechselleistung des kompletten Tages.

Außerdem funktioniert deine Verdauung deutlich besser und du hast mehr Energie für den Tag.

Wer es lieber etwas süßer mag, wärmt sich ein wenig vorgekochten Quinoa oder Buchweizen auf und verfeinert ihn zum Beispiel mit Kurkuma, Zimt, getrockneten Früchten oder Honig.

(Bei getrocknetem Obst sollte auf eine ausreichende Flüssigkeitszufuhr geachtet werden.)

Dein **Mittagstisch** gestaltet sich ähnlich wie das Frühstück, hier kann dann als zusätzliche Beilage Kartoffeln ODER Fleisch/Fisch hinzukommen.

Und was glaubst du, womit du dir beim **Abendmahl** etwas Gutes tun könntest?

Wenn es wirklich noch etwas sein muss, dann in kleiner Menge, zum Beispiel in Form von einer leichten Suppe oder gedünstetes Gemüse. Rohkost, Kohlehydrate oder Eiweiße nötigen deinen Organismus nur unnötig dazu, Überstunden zu leisten.

Der Mensch soll ausreichend **Flüssigkeit** zu sich nehmen. Vermeide dabei Alkohol und alle zuckerhaltigen Getränke. Am besten ist stilles und ungekühltes Wasser oder Kräutertee geeignet. Auch Kaffee oder besser noch Espresso (ohne Milch und Zucker) ist in Maßen kein Problem.

Fremde Küchen: Auswärts essen oder **fremde Küchen** müssen nicht zum Problem werden, sondern halten lediglich eine neue Herausforderung bereit, der du nun durch ein gewisses Know-how und etwas Inspiration gelassen entgegensehen kannst.

Es ist absolut legitim zu hinterfragen, wie das jeweilige Gericht zubereitet wird und aus welchen Bestandteilen es sich im Einzelnen zusammensetzt. Mithilfe dieser Auskünfte, die die Mitarbeitenden auch gern direkt beim verantwortlichen Koch einholen, kannst du nun auch deine Wünsche äußern.

In Saucen und Dressings verstecken sich oft unnötige „Übeltäter". Frage stattdessen nach Butter oder Olivenöl und tausche Sättigungsbeilagen wie Brot, Nudeln, Reis und Co. gegen dressingfreien Salat oder einen höheren Gemüseanteil ein.

Du wirst mit der Zeit immer besser wissen, worauf es ankommt, wie du hinterfragen und deine Wünsche klar definieren kannst. Auch das ist eine Frage der anfänglichen Überwindung und eine Trainingseinheit, die dazugehört.

Kleine Zugaben – Gekeimtes

Wie du weißt, spielt die Energie von Nahrung eine große Rolle. Gekeimte Sprossen haben einen sehr hohen Energiewert und sind leicht und auch günstig selbst zu züchten. Sie können nach Bedarf über die Gerichte gegeben werden. Bei Nüssen und Saaten sowie Hülsenfrüchten und Pseudogetreiden ist es wichtig, diese entsprechend lange einzuweichen.

Die jeweiligen Hinweise dazu findest du meist auf der Verpackung. Einen fertigen Saaten-Mix zum Selbstzüchten gibt es in Biomärkten und Reformhäusern.

Die folgenden Nahrungsmittel könntest du früher oder später von deiner Einkaufsliste nehmen, wenn du dich basischer ernähren und Gewicht reduzieren möchtest.

Die stärksten Säurebilder und Zuckerspender sind die klassischen Teig- und Backwaren (Brot, Brötchen, Nudeln, Pizza). Dort ließe sich einiges einsparen, was sich auch auf die Haushaltskasse positiv auswirken dürfte. Was würdest du einsparen, wenn du nicht mehr dein tägliches Brot kaufen würdest? Dazu würdest du dir zusätzlich dann auch den ganzen Aufschnitt sparen. Auch Pizza und Nudeln brauchst du nicht und sparst dir dadurch außerdem die Saucen & Co. Genauso könntest du Konserven, Instantprodukte und die meisten Milchprodukte einsparen. Ebenso wenig benötigt dein Körper teure Ersatzprodukte.

Natürlich gibt es auch fertige Alternativen, zum Beispiel Pizzaboden auf der Basis von Saaten oder Pseudogetreiden, den man dann frisch selbst belegen kann. Solche findest du in der Regel im Kühlregal.

Ebenso gibt es Brotmischungen auf ähnlicher Basis und für Nudelfans gibt es zum Beispiel Konjaknudeln.

Hotspot – Methoden der Zubereitung

Jetzt haben wir uns bereits verschiedene Kombinationen aus gesunden Lebensmitteln angesehen Eine zusätzliche Abwechslung erreichst du vor allem auch durch die Art der Zubereitung. Nicht jedes Gemüse ist roh bekömmlich, zum Beispiel werden grüne Bohnen, Auberginen oder Kartoffeln erst durchs Garen genießbar.

Die Zubereitungszeit und die Menge an verwendetem Wasser beeinflussen Geschmack, Farbe, Form sowie den Vitamin- und Nährstoffgehalt.

Das **Kochen** von Gemüse ist nur sinnvoll, wenn eine Suppe zubereitet werden soll, da das Kochwasser nicht weggeschüttet wird, denn Vitamine und andere Vitalstoffe gehen ins Kochwasser über. Dazu verliert das Gemüse durch das Kochen schnell an Farbe, Biss und Aromen. Bei zu viel Flüssigkeit kannst du einen Teil des Kochwassers als Basis für andere Gerichte weiterverwenden oder auch einfach trinken.

Das **Dünsten** ist eine schonende Methode. Hierbei wird das Gemüse in wenig Wasser, Brühe oder in der eigenen Flüssigkeit zwischen 70 und 98 °C nach Möglichkeit nur so lange gegart, bis es „al dente", also bissfest ist. Dabei solltest du den Deckel des Topfes möglichst selten öffnen, um den Dampf im Topf zu halten.

Durch das **Anbraten** entwickeln sich Röstaromen. Um dennoch möglichst viele Nährstoffe zu erhalten, kannst du die Hitze reduzieren und das Anbraten kurzhalten. Anschließend gibst du ein wenig Flüssigkeit hinzu und verfährst wie beim Dünsten.

Um der **Rohkost** vor allem an kalten Tagen eine wärmende Eigenschaft zu geben, kannst du diese kurz auf bis zu 40 Grad erwärmen.

Jedes vorgegarte Gemüse kannst du auch als Basis für ein Gratin **aus dem Ofen** nehmen. Gib es in eine Auflaufform, belege es mit Käse und stelle es kurz bei Oberhitze (circa 130 Grad) in den Ofen.

Tipp: Feste Gemüsesorten benötigen eine längere Garzeit. Gib diese zuerst auf den Herd.

Handhabung
Gemüse schälen oder nicht schälen – das ist hier die Frage.
Sofern das Gemüse nicht mit künstlichem Dünger oder Pestiziden belastet ist, ist ein Verzehr der Schale sogar empfehlenswert, denn an ihrer Unterseite sitzen besonders viele Nährstoffe. Gründliches Waschen ist völlig ausreichend und spart einen zusätzlichen Arbeitsschritt.

Diese Gemüsesorten müssen geschält werden:
- ✓ Kartoffeln (außer junge Kartoffeln)
- ✓ Spargel (außer grüner Spargel)
- ✓ Knollensellerie
- ✓ Kohlrabi
- ✓ Ingwer
- ✓ Zwiebeln
- ✓ Rote Bete
- ✓ Steckrübe
- ✓ Kürbis je nach Sorte

In der Regel sind alle Pflanzenbestandteile essbar, von der Wurzel bis zur Blüte. Ja, auch viele Blüten sind essbar und sehen darüber hinaus schön aus.

Einige Arbeitsschritte lassen sich sogar abkürzen oder einsparen. Vieles lässt sich direkt in Kochtopf, Pfanne oder Schüssel schnippeln und muss nicht erst das Schneidebrett passieren.

Beilagen, ihre Eigenschaften und Zubereitung

Hülsenfrüchte, Reis und Getreide
Bohnen (weiße Bohnen, Limabohnen, schwarze Bohnen usw.) und **Reis** enthalten eine Menge wunderbarer Nähr- und Vitalstoffe: Neben bis zu 35 Gramm Eiweiß pro 100 Gramm, was von keinem Steak der Welt erreicht wird, liefern Hülsenfrüchte annähernd alle B-Vitamine einschließlich der wichtigen Folsäure sowie eine interessante Menge und Vielfalt an Mineralstoffen und Spurenelementen.

Leider enthalten sie jedoch auch die **Phytinsäure**. Dabei handelt es sich um einen sekundären Pflanzenstoff, der vornehmlich in den äußeren Randschichten von Getreide, Hülsenfrüchten und vielen anderen Samen vorkommt.

Die phosphathaltige Phytinsäure dient dem Keimling als Energiequelle. Wenn das Samenkorn genügend Wärme und Wasser zur Verfügung hat, erwacht Leben in ihm.

Sobald der Keimprozess beginnt, wird im Korn das Enzym Phytase gebildet. Dieses baut die Phytinsäure ab, wodurch der darin gespeicherte Phosphor frei wird. Dieses wiederum steht jetzt der

Babypflanze als wichtiger Nährstoff für Wachstum und Entwicklung zur Verfügung. Gleichzeitig wird das Korn bzw. der Keim durch die Nährstofffreisetzung zum Basenspender. Ohne dem sind sie stark säurebildend.

Die Phytinsäure kann die Aufnahme von Mineralstoffen wie Kalzium und auch von Spurenelementen wie zum Beispiel Zink hemmen bzw. deren Verwertbarkeit mindern.

Das Kochen inaktiviert schädliche Substanzen, aber nicht die Phytinsäure. Hülsenfrüchte enthalten neben Phytinsäure noch etliche andere gesundheitlich bedenkliche Stoffe, was der Hauptgrund dafür ist, dass sie so gut wie nie roh verzehrt werden, da sie im rohen Zustand äußerst unverträglich sind.

Zu diesen unwillkommenen Substanzen zählen zum Beispiel das Phaseolunatin, das Phasin und die sogenannten Enzym-Hemmstoffe. Letzteres bedeutet, dass bei Anwesenheit dieser Hemmstoffe im Körper die Funktion von eiweißspaltenden Verdauungsenzymen blockiert wird und die Eiweißverwertung dadurch erschwert werden kann. Praktischerweise werden alle diese Stoffe durch normales Kochen entweder zerstört oder inaktiviert – mit Ausnahme der Phytinsäure. Diese lässt sich nicht so einfach entfernen.

Mehlprodukten und weißem **Reis** fehlen sowohl ein Großteil der ursprünglichen Phytinsäure, eine Reihe weiterer nützlicher sekundärer Pflanzenstoffe und Ballaststoffe als auch die Hälfte des Kalziums sowie drei Viertel der ursprünglichen Zinkmenge.

Zusätzlich entziehen diese Lebensmittel dem Körper sogar Nährstoffe und Getreide bildet zudem siebenmal mehr Säuren als

Fleisch. Getreide – ob Vollkorn oder nicht – eignet sich aus diesem Grund in Wirklichkeit nicht als Grundnahrungsmittel.

Deshalb solltest du Getreide und Hülsenfrüchte auch immer nur selten und wenn, dann nur als kleine Beilage verwenden.

Getreide, Buchweizen, Quinoa und Hülsenfrüchte solltest du über Nacht einweichen oder gar ankeimen lassen, um die Phytinsäure abzubauen und das Nährstoffpotenzial zu erhöhen.

Quinoa gehört nicht zu den Getreiden, sondern ist eine von mir empfohlene ideale Beilage, die zu den Gänsefußgewächsen gehört und mittlerweile auch in Europa angebaut wird.

Sie liefert nur 541 Milligramm Phytinsäure, was mit der richtigen Zubereitungsmethode noch deutlich reduziert werden kann. Außerdem verfügt Quinoa über ein breites Aminosäurespektrum. Quinoa kannst du bequem über Nacht oder ein bis zwei Stunden vor dem Kochen einweichen, anschließend durchspülen und bei leichter bis mittlerer Hitze circa 15 Minuten köcheln lassen. Einmal vorgekocht, hält es sich im Kühlschrank und kann gut zu Müsli, Brei oder Süßspeise (siehe Kapitel Standorte) umfunktioniert werden.

Traditionelle Zubereitungsarten

Naturvölker wissen vermutlich, ohne je von Säuren, Enzymen oder ähnlichen Stoffen gehört zu haben, ganz instinktiv, wie sie Getreide- und Bohnengerichte zubereiten müssen, damit diese vom Organismus bestmöglich genutzt werden können und ihm – durch was auch immer – keinesfalls schaden.

Afrikanische Völker beispielsweise essen **Getreide fermentiert.** Der Fermentationsprozess inaktiviert die Phytinsäure, was diese Gerichte äußerst bekömmlich macht, und auch hier können Nährstoffe voll genutzt werden.

Mais und **Hirse sind in Afrika weit verbreitet.** Sie werden über Nacht in Wasser eingeweicht, gespült und anschließend im Mixer püriert. Dieser Brei bleibt erneut eine Nacht stehen, und zwar an einem warmen Platz, damit die Fermentation starten kann. Milchsäurebakterien, die überall in der Luft vorhanden sind, werden den Hirsebrei alsbald bevölkern und die Phytinsäure abbauen. Am dritten Tage dann wird der Hirsebrei eine Viertelstunde auf niedriger Stufe leise geköchelt. Aus Maisbrei werden meistens Knödel gemacht.

Eine weitere Verarbeitungsmöglichkeit besteht darin, den Brei mit Kräutern, Meersalz und fein geriebenem Gemüse zu mischen, auf ein mit Backpapier ausgelegtes Backblech zu gießen und für einige Stunden im Ofen bei niedriger Temperatur trocknen zu lassen. So kann auch mit anderem Getreide oder Reis verfahren werden.

Gleiches gilt in Asien für die Sojabohne. Fermentierte Sojaprodukte wie zum Beispiel Tempeh oder fermentierter Tofu sind auch bei uns erhältlich.

Doch wer hat heute noch drei Tage Zeit und Lust, um sich ein einfaches Getreidegericht zu kochen? Glücklicherweise funktioniert zumindest die Entfernung der Phytinsäure auch auf eine etwas schnellere Art und Weise, nämlich durch Einweichen.

Zum Einweichen

Bevor Hirse, Getreide, Quinoa, Buchweizen, **Reis, Bohnen und andere Hülsenfrüchte** gekocht werden, weicht man sie mindestens acht Stunden, optimalerweise 24 Stunden ein. Dieses Einweichen verkürzt die Kochzeit um etwa eine halbe Stunde und reduziert den Phytinsäureanteil erheblich, wenn auch nicht vollständig.

Nach dem Einweichen das Gargut in frischem Wasser leise köcheln lassen. Gib kein Salz ins Kochwasser, denn Salz verhindert, dass Bohnen & Co. weich werden. Hülsenfrüchte brauchen mit 30 bis 45 Minuten Garzeit länger als Reis und Getreide mit 15 bis 25 Minuten.

Bei **Eintöpfen** oder Suppen werden die **Hülsenfrüchte immer separat** zubereitet und erst in fertig gegarter Form hinzugegeben. Auf diese Weise leiden die anderen Zutaten, wie zum Beispiel Gemüse, nicht unter den langen Garzeiten der Hülsenfrüchte.

Reis, Hirse, Quinoa und **Buchweizen** gelingen besonders gut, wenn sie nach der Hauptkochzeit von circa 15 Minuten noch eine halbe Stunde oder länger mit geschlossenem Topfdeckel auf ausgeschalteter Herdplatte bzw. neben der Herdplatte ziehen können. Während der Zubereitung brauchst du auch nicht umrühren, so behalten die Lebensmittel eine schöne Konsistenz und kleben nicht.

Buchweizen ist im Ganzen, als Beilage oder gemahlen als Mehlersatz auch für Pfannkuchen und Pizzaboden geeignet. **Kokosmehl** ist ebenfalls ideal zum Backen, vor allem in Kombination mit Mandelmehl.

Wie du siehst, ist es ganz leicht, aus diesen Lebensmitteln eine lecker schmeckende und auch ganz unbedenkliche Mahlzeit zuzubereiten. Ihr Eiweißprofil ist von hoher biologischer Wertigkeit und der niedrige glykämische Index (zwischen 35 und 45, während weißer Reis bei 70 liegt) ist somit auch ideal für Menschen, die abnehmen oder ihren Blutzuckerspiegel beruhigen möchten.

Deine Basiszutatenliste

Die folgenden Lebensmittel kannst du immer im Vorratsschrank haben:

Getränke:
- ✓ Stilles Wasser
- ✓ Kräutertees (ohne zusätzliche Aromen, ohne Süßholz, ohne grünen Tee)
- ✓ Besondere Empfehlung: Basentee *Anis-Fenchel-Kümmel-Tee (der Inhalt der Teebeutel eignet sich wunderbar zum Würzen von Kohlgerichten!)

Für den Küchenschrank:
- ✓ passierte Tomaten (frei von weiteren Zusätzen)
- ✓ naturbelassene Nüsse und Pinienkerne
- ✓ getrocknete Gewürze und Kräuter *
- ✓ Kokosmilch (ohne Zusätze)
- ✓ Mandelmehl für Pfannkuchen und zum Backen
- ✓ Kokosmehl zum Backen
- ✓ Gewürze
- ✓ Quinoa als Beilage oder Alternative zu Müsli
- ✓ Buchweizen als Beilage
- ✓ Ersetze herkömmliches Speisesalz durch Stein-, Meer- oder Kräutersalz.

Und was ist mit Brot? Sollte dir diese Frage durch den Kopf gehen, kann ich dich vollkommen verstehen, denn wo wären wir ohne unsere Frühstücksbrötchen, Brote und Stullen. Auf jeden Fall wären wir besser dran. So viel können wir an dieser Stelle sagen. Es handelt sich lediglich um eine von der Gesellschaft geprägte

Gewohnheit, die sich ohne Weiteres durch gesündere, neue Ernährungsgewohnheiten ersetzen lässt.

In anderen Kulturen ist es beispielsweise ganz „normal", den Tag mit einer warmen Mahlzeit zu beginnen bzw. mit Gemüse, ganz ohne Backwaren.

Wer dennoch nicht auf seine Stulle verzichten mag, kann zu einer Brotbackmischung greifen, die auf verschiedenen Saaten basiert und sich einfach zubereiten lässt. *

Für den Kühlschrank:
- ✓ Frisch gepresstes Leinöl (ab Pressedatum innerhalb von 9 Wochen verbrauchen!) und nicht erhitzen, da es viele wertvolle essenzielle Fettsäuren und Vitamine enthält. Es wird kalt in tellerwarme Gerichte gegeben, in Dips gerührt oder über Salat und Gemüse gegeben.
- ✓ Butter
- ✓ Natives Kokosöl *
- ✓ Gutes Olivenöl *
- ✓ Ganzkornsenf ohne Zusätze *
- ✓ Tomatenmark
- ✓ Tiefkühlkräuter
- ✓ Sprossen/Kresse
- ✓ Eier
- ✓ Käse
- ✓ Gekochte oder geschälte Rote Bete
- ✓ Frisches Sauerkraut

Das Gemüsefach kannst du ein- bis zweimal die Woche nach Belieben mit frischem Gemüse der Saison bestücken. Tomaten bewahre bitte nicht im Kühlschrank auf.

> * **Eine Liste mit Bezugsquellen und von mir empfohlenen Produkten findest du auf meiner Homepage** https://www.vital-coaching.hamburg/

<u>Weitere Grundlebensmittel für die Vorratskammer</u> (kühl, dunkel und trocken)

- ✓ Zwiebeln
- ✓ Ingwer
- ✓ Knoblauch
- ✓ Kohl
- ✓ Karotten
- ✓ Kartoffeln
- ✓ Süßkartoffel, diese gibt es auch aus heimischem Anbau

Reife kann anstecken. Einige Früchte enthalten das „Reifehormon" Ethen. Dieses wird auch noch nach der Ernte verströmt und bewirkt ein Nachreifen. Dieser Impuls regt auch andere Früchte in ihrem Reifeprozess an, sofern diese sich in der Nähe befinden. Sie sollten also getrennt von anderen Früchten gelagert werden.
„Ansteckend" sind:

- ✓ Äpfel
- ✓ Aprikosen
- ✓ Avocados
- ✓ Bananen
- ✓ Birnen
- ✓ Feigen
- ✓ Mangos
- ✓ Pfirsiche
- ✓ Pflaumen
- ✓ Tomaten

Frische Kräuter im Topf eignen sich hervorragend für deine **Fensterbank**. Vielleicht hast du sogar Lust auf ein eigenes, kleines Garten- oder Balkonprojekt mit Familie oder Freunden. Du könntest in kleinen Töpfen Kräuter, Radieschen, Möhren und Ähnliches anbauen.

„Oh, Nudeln, Getreide, Margarine, Marmeladen, Brühwürfel, Milch und Aufschnitt stehen etwa nicht auf der Liste?!"

DAS IS(S)T VOLLE ABSICHT. Diese Lebensmittel sind nicht gut für deinen Körper und deine Seele.

Vielleicht denkst du gerade: Naja, es gibt ja auch Nudeln aus Erbsen oder Linsen. Klar, die enthalten zwar kein Getreide, sind jedoch echte Kohlehydrat- und Eiweißbomben, was sie zu starken Säurebildnern macht. Sie verfügen aufgrund ihrer starken Verarbeitung kaum noch über ihre natürlichen Eigenschaften und aufgrund ihrer komprimierten Form kann man sich nur schwer ein Bild von der eigentlichen Menge machen. Würdest du einen ganzen Teller Linsen oder Erbsen essen? Eine kleine Beilage würde dir sicher genügen. (Mehr zum Thema Hülsenfrüchte, ihren Eigenschaften und Zubereitung findest du im Kapitel „Methoden der Zubereitung".)

Kreativität und Improvisation – vom Einkauf bis zum Herd

Die folgenden „Rezepte" entstanden spontan und wurden unter einfachen Bedingungen mit einfachsten Mitteln umgesetzt, bevor sie ihren Weg aufs Papier fanden. Die Inspirationen, die ich von unterschiedlichen Reisen mitbrachte, werden zum Teil von persönlichen Geschichten begleitet.

Sie sind daher durchaus alltagstauglich, benötigen keine extravagante Küchenausstattung und sind in relativ kurzer Zeit zubereitet.

Ich empfehle, ruhig etwas mehr zuzubereiten. So hat man einen Grundstock für die folgenden Tage oder kann Übriggebliebenes einfach aufwärmen und mit frischen Toppings ergänzen.

Vielleicht wunderst du dich über die „Mengenangaben" und „Anleitungen", die wenig bis gar nicht vorhanden sind. Kochen fängt da an, wo man mit dem arbeiten muss, was da ist, ohne sich an konkrete Vorgaben zu klammern.

Die Rezepte enthalten konkrete Mengenangaben, die Inspirationen hingegen nicht. Sie sollen dir Impulse und Ideen liefern, dir zeigen, was möglich ist, und dir Raum zum Ausprobieren geben. Zudem hast du so die Gelegenheit, dein Bauchgefühl zurückzuerobern und intuitiv zu kochen.

Auf Grundlage der Basiszutatenliste lassen sich alle Gerichte zubereiten und schon vorhandene Frischkost oder Übriggebliebenes verwerten. Das macht dich völlig autark und du kannst beim Einkaufen flexibel und intuitiv agieren.

So kannst du jedes Rezept und jede Inspiration je nach Verfügbarkeit, Bedarf und Laune selbst gestalten.

Eine kleine Faustformel zur Mengenorientierung: Bei Quinoa, Buchweizen und Co. kannst du mit einer Tasse pro Portion rechnen. Bei Gemüse ist es ungefähr so viel, wie klein geschnitten in deine beiden Hände passt. Alles, was übrig bleibt, freut sich auch am nächsten Tag noch auf Verwertung.

Einen weiteren Orientierungspunkt bieten der Saisonkalender sowie andere angeführte Tabellen.

So werden schon bald deine eigenen Rezepte und Lieblingsgerichte entstehen und du wirst ganz intuitiv wissen, was deinem Körper guttut, und immer sicherer im Umgang mit Lebensmitteln werden.

Ich wünsche dir schon jetzt viel Freude beim Ausprobieren. Sei neugierig.

Buntes Gemüse a la Mexico

Rosenkohl mit Süßkartoffeln

Buntes Gemüse a la Mexico – mit Süßkartoffeln

Zutaten (für 2 Portionen)

3 Süßkartoffeln	Für die Marinade:
1 Handvoll grüne Bohnen	
6 Champignons	Chilisalz
1 rote Paprika	Pfeffer
1 große Zwiebel	Paprikapulver, edelsüß
2 EL Kokosöl	3 EL Kokosöl
etwas Pfeffer	
etwas Meersalz	
evtl. rote Chilischote	

Zubereitung:

Süßkartoffel schälen und in Viertel schneiden. Die Süßkartoffeln in eine Schüssel geben und mit der Marinade mischen. Süßkartoffeln für circa 30 Minuten bei 180 Grad in den Ofen.

Grüne Bohnen waschen und die Enden abschneiden. Für circa 10 Minuten in den Gemüsedämpfer oder 15 Minuten in Wasser kochen. Zwiebel schälen und in Scheiben schneiden. Champignons säubern und in Scheiben schneiden. Paprika waschen und in Streifen schneiden.

Die Zwiebeln in Butter oder Kokosöl andünsten und die Paprika und Champignons dazugeben, am Ende noch kurz die Bohnen dazugeben. Das Gemüse mit Meersalz und Pfeffer abschmecken.

Mareikes Spezial:
Wer es scharf mag, kann zum Gemüse noch eine rote Chilischote schneiden und dazugeben. Es passt frischer Koriander, auch eine Avocado-Creme und Sprossen können hier ihren Platz finden.

Rosenkohl mit Süßkartoffeln

Zutaten (für 4 Portionen)

600 g Rosenkohl	Gewürze
3 Süßkartoffeln	Salz
Zwiebeln	Pfeffer
	Muskat
	Senf

Zubereitung:

Rosenkohl putzen, waschen und zugedeckt circa 15 Minuten kochen. Süßkartoffeln mit Schale circa 20 Minuten kochen, anschließend abschrecken, pellen und zum Auskühlen beiseitestellen.

Inzwischen kannst du die Zwiebel würfeln und gemeinsam mit dem abgetropften Rosenkohl in Kokosöl oder Butter braten (besser schwache Hitze als zu stark).

Nun kannst du entweder mit etwas Kokosmilch ablöschen und dem Ganzen eine Currynote verpassen, oder du belässt es bei der Butter und würzt nach Belieben mit Kräutern und Gewürzen (passend: zum Schluss etwas Ganzkornsenf unterrühren).

Nun kannst du die Süßkartoffeln in Scheiben schneiden und kurz in der Pfanne schwenken. Ein leichtes Finish mit Salz, Pfeffer und Muskat sind ideal.

Mareikes Spezial:
Anstelle von Rosenkohl kann auch jeder andere Kohl (bzw. beliebiges Gemüse der Saison) verwendet werden, lediglich die Garzeiten können entsprechend abweichen.

Darf es noch herzhafter sein? Kohl und Kartoffeln anschließend in eine Auflaufform geben, mit Käse bestreuen und kurz im Ofen bei 180 Grad gratinieren.

Tipp: Etwas Senf oder Kümmel wirken nicht nur aromatisch, sondern fördern auch die Bekömmlichkeit, vor allem bei Kohlgerichten.

Tomaten-Chili-Sauce

Zutaten

1 bis 3 Möhren	Passende Gewürze: Chili,
Lauch	Salz, Pfeffer, Cayenne-Pfeffer,
Tomatenmark	Paprikapulver, Kreuzkümmel
200 ml passierte Tomaten	
Zwiebeln	Oder: Salz, Pfeffer, Oregano,
1 Zehe Knoblauch	Salbei, Basilikum, Paprika,
	Minze

Zubereitung:

Zwiebel und Knoblauchzehe klein gehackt in Olivenöl anbraten (mittlere Hitze).

1 bis 3 klein geschnittene Möhren, etwas Lauch und 1 TL Tomatenmark hinzugeben.
Dann mit circa 200 ml passierten Tomaten aufgießen.

Nun kurz umfüllen und pürieren. Wer mag, kann entweder noch etwas Schmand oder Parmesan untermischen.

Mareikes Spezial:
In Gläsern abgefüllt, hält sich die Sauce mehrere Tage im Kühlschrank und ist für die Verfeinerung von Gerichten mit (Konjak-)Nudeln, Pizza, Gemüse und Co. geeignet.
Das Rezept ergibt circa einen Becher.

Cremesuppe vom Kohlrabi

Es handelt sich um eine leichte Suppe in exotischer oder klassischer Variante, die mit optionalen Einlagen auch den großen Hunger stillt.

Zutaten (für 2 bis 4 Portionen)

1 bis 2 Zwiebeln
3 Kohlrabi (alternativ: Brokkoli, Sellerie oder Kürbis)

klassische Butter/Schmandvariante:
Muskat, Dill, Liebstöckel, Petersilie

Kokosvariante: Kokosmilch, Curry, Koriander, Muskat, Ingwer

Fruchtige Frische: ein paar Spritzer Zitrone

Topping:
Rettichsprossen/gehackter Dill/ Pesto
Avocado-Creme

Zubereitung:

Zwiebel würfeln und in einem Topf mit etwas Butter oder Kokosöl andünsten.
Den geschälten und ebenfalls klein geschnittenen Kohlrabi hinzufügen und nach einigem Wenden mit Wasser/Gemüsefond

ablöschen und aufgießen. So viel, dass das Gemüse bis zu ¾ bedeckt ist.

Für die Kokosvariante wird Kokosmilch verwendet und auf Schmand verzichtet.

Circa 15 Minuten bei mittlerer Hitze geschlossen köcheln lassen. Dann pürieren und 1 bis 3 Esslöffel Schmand und frische Kräuter unterrühren.
Mit Gewürzen, Salz und Pfeffer abschmecken.

Mareikes Spezial:
Noch reichhaltiger wird die Suppe mit einer Einlage, zum Beispiel Lachs (gedünstet, aus dem Ofen, geräuchert, als Tartar oder gebraten) oder Quinoa. Ebenso kann sie als Soße für andere Gerichte verwendet werden.

„Schön, dass es dich gibt."

Avocado Spezial

Mit der Avocado lassen sich universelle Toppings, Dips & Beilagen herstellen. Hier hast du eine kleine Inspiration:

Die Avocado ist geliebt und gleichzeitig umstritten.

Die Hauptanbaugebiete der Avocado sind Peru, Chile, Mexiko oder Südafrika. Damit ist ihr ökologischer Fußabdruck aufgrund der langen Transportwege riesig. Hinzu kommt der hohe Wasserverbrauch, die Rodung von Wäldern und ausgelaugte Ackerböden – vor allem bei konventionellen Anbaumethoden der großen Konzerne.

Die Früchte werden recht früh geerntet und zur künstlichen Nachreifung mit hohem Energieaufwand zwischengelagert, um sie uns im Supermarkt als „essreif" anbieten zu können. Stammen die Früchte nicht von Kleinbauern, die nachhaltig anbauen, so sind die Pflanzen außerdem mit Pestiziden belastet.

Diese Hintergründe sollen uns jedoch nicht den Appetit vermiesen, sondern uns zu einem bewussteren Umgang inspirieren und den Blick aufs große Ganze lenken. Die Avocado ist an dieser Stelle nur ein Beispiel von vielen.

Mittlerweile finden sich in vereinzelten Geschäften auch Avocados aus europäischen Anbaugebieten. Diese gehören meist zu kleineren Bioverbänden.

NICHT als „essreif" ausgezeichnete Früchte solltest du bevorzugen und zu Hause nachreifen lassen.

Das Besondere an der Frucht, die auch Butterbirne genannt wird, ist die Reichhaltigkeit an einfach ungesättigten Fettsäuren, fettlöslichen Vitaminen, Ballaststoffen, Kalium und Phosphor. Es ist ihre Cremigkeit, der Geschmack, die Nährwertzusammensetzung von einfach ungesättigten Fettsäuren, fettlöslichen Vitaminen, Ballaststoffen, Kalium und Phosphor, die sie so wertvoll und nahezu unersetzbar machen.

Es gibt tatsächlich keine heimische Frucht, die es mit ihr aufnehmen könnte. Doch weniger is(s)t manchmal mehr. Reduziere die Menge, denn die Olive, die zumindest in Europa recht verbreitet ist, kommt ihr von der Reichhaltigkeit am nächsten. Sie kann zwar keine Guacamole ersetzen, doch vielleicht die ein oder andere Avocado einsparen und die Kreativität in der Küche fördern.

Bei einer Guacamole kannst du bei gleicher Menge den Avocadoanteil guten Gewissens reduzieren, indem du beispielsweise neben der Avocado gedünstete Karotte, Broccoli, Oliven oder Spinat mit hineinpürierst.

Grünkohl - Quinotto

Grünkohl mal anders

Grünkohl-Quinotto

Ein basisches Risotto mit oder ohne Kohl

Zutaten

Grünkohl (alternativ:	Passende Gewürze:
geriebener Spitzkohl/Wirsing/	Rosmarin
Kohlrabi/Kürbis)	Thymian
Quinoa (circa 1 Tasse pro	Majoran
Portion)	Muskat
Parmesan	Kurkuma

Zubereitung:
Die Grünkohlblätter vom Strunk zupfen und waschen. Bei jungen Grünkohlspitzen muss kein Strunk entfernt werden. Bei Spitzkohl und Wirsing muss der Strunk aus den Blättern nicht entfernt werden.
Die Quinoa sollte mindestens 2 Stunden Einweichzeit hinter sich haben und durchgespült worden sein. Man kann sie auch bequem über Nacht einweichen lassen.

Zwiebeln und Grünkohl in Butter oder Kokosöl andünsten (circa 5 Minuten).
Die Quinoa hinzufügen, zu ¾ mit Wasser oder Gemüsefond aufgießen.
Etwas Salz und Pfeffer dazugeben und geschlossen bei leichter Hitze circa 15 Minuten köcheln lassen.

Zum Schluss etwas geriebene Zitronenschale, Butter und Parmesan (oder einen anderen Hartkäse) unterrühren und mit Gewürzen abschmecken.
Wer mag, gibt einen Klecks Senf dazu.

Mareikes Spezial:
Der Inhalt eines Teebeutels Anis-Fenchel-Kümmel lässt sich beim Andünsten des Kohls unterrühren und erhöht die Bekömmlichkeit.

Grünkohl mal anders

Zutaten

Grünkohl	Curry
Kokosmilch	Ingwer
Zwiebel	Senf
Karotte	

Zubereitung:

Die Zubereitung entspricht der des „Sommer-Wok".
Ich empfehle, junge, zarte Grünkohlspitzen zu verwenden.
Diese gründlich waschen, anschließend von groben Blattfasern befreien und in kleine Stücke zupfen.

Ingwer, Zwiebeln und Karotten in Kokosöl andünsten und den gezupften Grünkohl dazugeben.
Mit Kokosmilch ablöschen, köcheln lassen und würzen.
Zum Schluss kann etwas Senf mit untergerührt werden.

Mareikes Spezial:
Auch hier eignet sich der Inhalt eines Teebeutels mit Anis-Fenchel-Kümmel-Mischung zum Würzen und steigert die Bekömmlichkeit.
Zum Schluss kannst du etwas Ganzkornsenf unterrühren.
Dieses Gericht kannst du zum Beispiel duch eine Linsen-, Fisch- oder Fleischbeilage erweitern.

Süppchen - Kresse küsst Kokos

Frühlingsgratin mit Rohkostbelage

Süppchen – Kresse küsst Kokos

Inspiration

Kresse und Kokos passen in jede Jahreszeit. Daher dachte ich mir – warum nicht beide miteinander bekannt machen!? Und so entstand dieses Gericht.

Ein kraftvolles Duo – sowohl thermisch als auch nährstofftechnisch und geschmacklich eine harmonische Kombination.

Die Suppe gibt Energie, ohne zu beschweren, wirkt erfrischend und unterstützt den Stoffwechsel positiv.

Als Suppeneinlage bieten sich Gemüse je nach Saison an. Im Sommer zum Beispiel Mairübchen und Sprossen von Mungobohnen, Linsen und Rettich.

Zubereitung:

Kurz und knackig: Hier wird nicht lang geköchelt, einfach Lauchzwiebeln, Kurkuma und Knoblauch (im Winter auch Chili) in Kokosöl anbraten und mit Kokosmilch ablöschen und aufgießen. Nach Belieben abschmecken.

ERST DANN großzügig die frische Kresse hinzugeben, noch etwas Meerettich unterrühren und mit etwas Limettensaft beträufeln.

Mareikes Spezial:

Kresse gibt Gerichten nicht nur einen Frischekick, sondern liefert auch eine ordentliche Portion Gesundheit, vor allem durch die antimikrobielle Wirkung. Kresse ist nämlich tatsächlich eine äußerst starke Heilpflanze. Im Ayurveda wird Kresse (Lepidium sativum) schon seit Jahrtausenden eingesetzt, zum Beispiel bei sexueller Unlust, Durchfall, Magenbeschwerden oder auch Schilddrüsenüberfunktion. Außerdem wirkt sie positiv und regulierend auf das Herz-Kreislauf-System und unterstützt bei Entgiftungsprozessen.

Kresse Spezial

Gartenkresse bekämpft Krankheitserreger auch dann noch, wenn diese auf eine Behandlung mit Antibiotika nicht mehr ansprechen. Es ist bekannt, dass Kresse das Wachstum von Bakterienstämmen der Art Pseudonomas aeruginosa hemmt. Pseudomonas aeruginosa sind der in Deutschland am häufigsten vorkommende Krankenhauskeim.

Etwa zehn Prozent aller Krankenhausinfektionen werden von diesen Bakterien hervorgerufen. Sie können die verschiedensten Erkrankungen auslösen, meistens verursachen sie jedoch eine Lungenentzündung.

Für stillende Mütter interessant: Kresse fördert die Milchbildung und senkt die Infektanfälligkeit von Kind und Mutter. Hundert Gramm Gartenkresse enthalten 1,3 mg Eisen, 81 mg Calcium und ebenso nennenswerte Mengen an Vitamin C und Folsäure, sodass Kresse – üppig verzehrt – zu einer verbesserten Deckung des Vitalstoffbedarfs beiträgt.

Kresse selbst ziehen, auch ohne Balkon oder Garten, denn die Gartenkresse wächst notfalls auch auf einem feuchten Küchenpapier auf einem Teller. Nätürlich gibt es auch Keimgläser und spezielle Keimgeräte. Für kleine Mengen eignen sich auch

Kressesiebe. Sie bestehen in der Regel aus einem Edelstahlsieb in einem Keramik- oder Tongefäß. Nach ungefähr 10 Tagen erntest du bereits deine eigene Kresse in bester Bioqualität. Achte bitte auf entsprechendes Saatgut. Optimal ist es, wenn du die Kresse immer erst unmittelbar vor dem Verzehr erntest.

Sofern Kinder im Haushalt sind, kann man ihnen das Züchten überlassen. Für Kinder ist es eine spannende Aufgabe. Sie können spielerisch einen Bezug zu Lebensmitteln herstellen und sind mit einbezogen.

Frühlingsgratin – Rettich-Blumenkohl mit Rohkostbeilage

Inspiration

Der schwarze Winterrettich hat von Oktober bis März Saison, von dort an gibt es zum Beispiel weißen Sommerrettich.

Im Winter sind Erkältungen nur langsam abklingend. Wertvolle Senföle, die schleimlösend und entkrampfend wirken, sind besonders in schwarzem Rettich enthalten, der eines der basischsten Lebensmittel ist. Diese Wurzel hilft im Zusammenhang mit anderen sinnvollen Zutaten, von innen zu heilen. Außerdem kurbelt sie den Stoffwechsel an.

Blumenkohl scheint ein ebenso wahres Wunder(-mittel) zu sein, welches unsere Gesundheit ordentlich und positiv beeinflussen kann! Darum sollte immer wieder regelmäßig auf dieses Nahrungsmittel zurückgegriffen werden. Er macht nicht dick, weil er durch die wenigen Kalorien eher zum Abnehmen taugt. Vitaminreich dazu und für unsere Gehirnfunktion empfehlenswert, ist dieses Gemüse ein echter Schlankheitsgarant. Was steckt noch drin? Er besteht überwiegend aus Wasser, enthält das B-Vitamin Cholin, Kalium und Natrium. Außerdem fördert der Verzehr die Nieren- und Darmfunktion, soll vor Krankheiten und Krebs schützen. Zu Fleisch oder weiterem Gemüse lässt sich dieser Kopf hervorragend ergänzend servieren.

Zutaten

Blumenkohl	Beilagensalat
Rettich-Wurzel	
Käse	geriebener Rettich, Mandeln,
(Mohn)	Rote Bete (kann man schon
Passende Gewürze: Muskat,	gekocht und eingeschweißt
Salz, Pfeffer, Thymian	kaufen), Ziegenkäse

Zubereitung:

Den Blumenkohl putzen und in Wasser einige Minuten garen lassen.

Schwarzen und violetten Rettich kurz angaren, um möglichst die Inhaltsstoffe wie Senföle zu erhalten. Anschließend in eine Auflaufform geben und mit den schon vorgegarten Blumenkohlröschen vermengen. Für die zarte Kruste sorgen frisch geriebener Käse (und Mohn). Im Ofen bei circa 180 Grad 10 Minuten backen. Dazu gibt es eine Salatkombination aus Rettich-Mandel-Rote Bete und Ziegenkäse. Dazu werden roher Rettich gerieben und eingelegte Rote Bete klein geschnitten. Wenn die Rote Bete roh ist, kann sie ebenfalls gerieben werden. Rettich und Rote Bete mit etwas Öl und gerösteten, gehackten Mandeln vermengen.

Mareikes Spezial:
Zu diesem Gericht passen außerdem Senf und Honig oder Senf mit pürierten Beeren, zum Beispiel als Dressing. Zusätzlich eignet sich roher oder gebratener Apfel als Topping oder Beilage.

Lachsfilet auf Karotten-Mangold-Gemüse

Mangold-Quinotto

Lachsfilets auf Karotten-Mangold-Gemüse

Zutaten (für 2 Portionen)

2 kleine Lachsfilets	3 mittelgroße Karotten
Saft von ½ Zitrone	1 kleiner Mangold
Meersalz	1 kleine Schalotte
frisch gemahlener schwarzer	2 EL Kokosöl oder Butter
Pfeffer	1 EL Gomasio (Sesamsalz)
	frisch gemahlener roter Pfeffer
	oder bunter Pfeffer
	frischer Dill

Zubereitung:

Die Lachsfilets abwaschen, trocken tupfen.
Mit dem Zitronensaft beträufeln, salzen und pfeffern.
Die Karotten waschen, mit der Gemüsebürste säubern und in dünne Scheiben schneiden.
Den Mangold waschen, den Strunk abschneiden und den Mangold in dünne Streifen schneiden. Die Stiele und Blätter getrennt legen.
Die Schalotte abziehen, klein würfeln und in Butter glasig dünsten.
Die Karotte dazugeben, kurz andünsten, die Mangoldstiele dazugeben und mit wenig Wasser ablöschen, dann das Sesamsalz und den Pfeffer dazugeben.
Nach wenigen Minuten die Mangoldblätter dazugeben und andünsten.
Den Dill waschen, klein hacken und über den Fisch geben. Ein wenig Dill für die Deko übrig lassen.

Die Lachsfilets auf das Mangold-Karotten-Gemüse setzen. Zugedeckt bei mittlerer Hitze etwa 10 Minuten garen.

Es ist angerichtet: Die Lachsfilets auf das Gemüse setzen und mit dem restlichen, klein gezupften Dill und zerlassener Butter genießen.

Mareikes Spezial:
Statt Mangold kannst du zum Beispiel Pak Choi, Spitzkohl oder Fenchel verwenden.
Den Fisch kannst du auch durch Grillkäse oder Tofu ersetzen.

Mangold-Quinotto

Zutaten (für 2 Portionen)

1 Mangold (Alternativen: Pak Choi/Spinat)	<u>Passende Gewürze:</u>
	Kümmel
2 Karotten	Sesamsalz
kleines Stück Ingwer	Thymian
eine kleine Handvoll gehackte Mandeln	Basilikum
Kokosöl/Butter	
etwas Galgant (wenn vorhanden)	
3 Tassen Quinoa oder Buchweizen	
circa 4 Tassen Wasser	
Hartkäse, gerieben	

<u>Zubereitung:</u>

Das Wasser oder Gemüsefond zum Kochen bringen.

Die Quinoa nach dem Einweichen waschen. Anschließend dazugeben und etwa 10 Minuten kochen. Quinoa von der Kochstelle nehmen und 10 bis 15 Minuten im heißen Kochtopf nachquellen lassen (nicht umrühren).

In der Zwischenzeit das Mangoldgemüse zubereiten. Dazu den Mangold waschen, abtropfen lassen und in kleine Streifen schneiden. Dabei die weißen Stängelanteile getrennt von den grünen Blattteilen legen. Die Karotten waschen und ggf. mit der Gemüsebürste/Schaber putzen und klein raspeln.

Das Öl leicht erhitzen und zunächst den Ingwer, die Mangoldstängel und die geraspelten Karotten unter Umrühren andünsten.

Die Gewürze dazugeben. Nach 3 bis 4 Minuten die Mangoldblätter dazugeben und weiter dünsten – eventuell drei Esslöffel Wasser zum Ablöschen dazugeben. Die gehackten Mandeln dazugeben und noch 2 bis 3 Minuten erwärmen.

Quinoa mit Käse und dem Gemüse vermischen und warm oder kalt genießen.

Mareikes Spezial:
On top: Avocado-Creme oder Käse von Schaf oder Ziege.

Vitales Omelett

Bella Italia!

Vitales Omelett

Inspiration

Das Omelett ist eine schöne Alternative, wenn die klassischen Teig- und Backwaren nicht auf dem persönlichen Speiseplan stehen – egal ob für den großen oder kleinen Hunger, ob morgens, mittags oder abends. In dem Omelett darf sich alles wiederfinden – vom Lieblingsgemüse bis hin zu Quinoa und Käse.

Da ich persönlich keine klassische Frühstückskandidatin bin, sind Eier eine willkommene Option, die sich nahezu auf jeder Frühstückskarte finden lässt. Doch nicht um jeden Preis. Mich interessiert zuerst die Herkunft der Eier und ob es sich um frisches Ei oder Eimasse aus dem Tetrapack handelt, denn Letzteres gehört in den meisten Hotels oder Bäckereien zum Standard. Wenn dies geklärt ist, schaue ich nach einer Gemüse- oder Salatbeilage oder frage nach einer Empfehlung, um das Rührei oder Omelett gegebenenfalls noch etwas „vitaler" zu machen.

Zutaten

Eier (Empfehlung: 2 pro Portion)	Gewürze
Avocado	Salz und Pfeffer
Koriander, Salat	
(schwarze) Möhre	
Sprossen	
Zucchini	

Vitales Omelett

Zubereitung:

Die aufgeschlagenen Eier in der Pfanne mit etwas Butter auf niedriger Stufe langsam stocken lassen, bis sie weich sind. Gewürze und Gemüse auf die Eimasse geben.
Du kannst das Omelett nun einmal zuklappen oder als „Pizza" auf den Teller geben.

Großzügig mit Salat oder anderer Rohkost und frischen Kräutern anrichten, ggf. nachwürzen.

Anderes passendes Gemüse, zum Beispiel Spinat, Tomaten, auch gegartes Gemüse vom Vortag, eignet sich.

Mareikes Spezial:
WICHTIG bei Omelett, Rührei und Co.:
Durch langsames Stocken bei schwacher Hitze wird die Eiweißstruktur weniger stark verändert. Je flüssiger es bleibt, umso leichter kann es verdaut werden.

Bella Italia!

<u>Inspiration</u>

Knapp 3 Wochen lang durfte ich wild campend durch Italien reisen und dabei Menschen, Natur und Abenteuer erleben.

Ich plante nicht viel, wollte dem Flow Gelegenheit geben, mich zu finden.

So kam es, dass ich nach meiner ersten Panne von zwei LKWs escortiert wurde, auf einem Dorffest tanzte und viele Stunden einem 84-jährigen Instrumentenbauer in seiner kleinen Werkstatt über die Schulter schaute.

Essensvorräte hatte ich nicht dabei, schließlich wollte ich auch kulinarischen Entdeckungen möglichst viel Raum geben.

So fand ich in jedem Dorf vor der ein oder anderen Haustür eine kleine Auswahl an Selbstangebautem; sei es aus jeweils dem kleinen Garten oder vom Balkon.

Eines Morgens wachte ich mit einem klaren Bild vor meinem geistigen Auge auf, welches mir mein Mittagessen für den Tag offenbarte: Aubergine mit Parmesan und Zucchiniblüten.

Ich hatte noch keinen Schimmer, wo ich diese Dinge herbekommen sollte. Wenig später schlenderte ich durch die Gassen von Venosa und fand meinen Blick auf einem Körbchen Zucchiniblüten wieder, der vor einer Haustür stand.

Bella Italia!

Ohne zu zögern, klopfte ich an die Tür, eine ältere Dame mit geblümter Schürze öffnete mir.

Ich deutete auf dem Korb, sie nahm ihn und bat mich in die Küche. Nachdem ich ihr gestikulierend meine Wunschmenge zu verstehen gab, schaute sie an mir herunter und füllte glatt die doppelte Menge ab. Dann hielt sie kurz inne, drehte sich um, nahm zwei Auberginen vom Küchentisch, die sie mir schmunzelnd reichte.

Italien ist kulinarisch so vielfältig wie seine Landschaften.

Der Norden ist geprägt von Risottogerichten, Kalb und Rind.

Ab der Mitte von Italien nimmt die Tomate an Fahrt auf und in den Küstenregionen finden sich Meeresfrüchte und Fisch.

Im Süden hingegen sind vor allem Geflügel- und Lammgerichte beliebt.

Jede Region hat ihre Spezialitäten gemäß ihren Vorkommen und keine von ihnen kommt ohne frische Gemüse, Kräuter und Olivenöl daher.

Ich habe dort übrigens keinen einzigen Mann getroffen, der nicht auch eine Leidenschaft fürs Kochen hat.

Wieder zurück und inspiriert durch diese Italienreise, entstand dieses Gericht, welches so simpel wie lecker ist. Das Cross-over aus den Klassikern: Parmigiana di melanzana (überbackene Aubergine) und Minestrone (Gemüsesuppe).

Wie passend, denn gegen Ende der Auberginen-Saison (August) konnte ich noch ein besonderes Exemplar ergattern. Diese weiß gestreifte Aubergine ist im Geschmack etwas milder und hat zudem weniger Kerne. Sie enthält viele Mineralstoffe und Ballaststoffe, sollte allerdings nicht roh verzehrt werden.

Die Minestrone lässt sich das ganze Jahr hindurch mit Gemüse aus der jeweiligen Saison zubereiten. Diese gab es bereits am Vortag, sodass ich den Rest bequem für diesen italienischen Auflauf verwenden konnte. Statt passierter Tomaten gab es das Gemüse aus der Minestrone in pürierter Form.

Das Pesto besteht aus frischem Basilikum, Knoblauch, etwas Chili, Parmesan, Pistazien, Walnüssen und Olivenöl. Frisches Basilikum ist ebenfalls sehr vitalstoffreich und enthält vor allem Vitamin K, welches unter anderem eine wichtige Rolle in der Blutgerinnung und dem Knochenstoffwechsel spielt.

Zutaten

Aubergine (alternativ: Fenchel, Zucchini, Kohlrabi)

Pesto:
Beliebige Menge frisches Basilikum
2 TL Parmesan
1 Handvoll Nüsse
1 Knoblauchzehe
1 Prise Meersalz
ausreichend Olivenöl zum Pürieren
Anschließend sollte alles vollständig mit Öl bedeckt sein

Verwendete Gewürze:
Chiliflocken
Kräutersalz
Pfeffer
Oregano

Bella Italia!

<u>Zubereitung:</u>

Die Aubergine der Länge nach in möglichst dünne Scheiben schneiden, wer mag, nimmt noch Zucchini dazu.
Die Scheiben in eine Auflaufform schichten.
Über jede Schicht etwas Pesto geben und pfeffern.
Zum Schluss mit der pürierten Minestrone (nicht zu flüssig) übergießen und mit Parmesan bestreuen.

Anschließend geht es bei circa 150 Grad zugedeckt für 45 Minuten in den Ofen.

Getoppt wird das Ganze mit hochwertigem Olivenöl, gehackten Pistazien und frischem Basilikum.

Rote Bete oder Zucchini gefüllt

Sommer-Wok

Rote Bete oder Zucchini gefüllt

Zutaten

Rote Bete	Geeignete Gewürze:
Zucchini	Kurkuma
Chinakohl	Chili
	Cumin
Variante 1:	Anis/Fenchel/Kümmel
Linsen- oder Bohnensprossen	(Teemischung)
	Dill
Variante 2:	Ingwer
Staudensellerie	
Ziegenkäse/Feta	Variante 2:
Zwiebel	Thymian
Knoblauch	Rosmarin
	Liebstöckel
	Schnittlauch

Inspiration

Hier kannst du auf geschälte, vorgekochte Rote Bete zurückgreifen. Zucchini werden roh verwendet.

Die roten Knollen aushöhlen und dann mit der Füllung in eine Auflaufform oder Ähnliches stellen und bei 180 Grad circa 15 bis 20 Minuten in den Backofen geben.

Füllung

Variante 1: Chinakohl und Linsensprossen/Bohnensprossen
Den Kohl reiben oder fein schneiden und in Kokosöl andünsten, Sprossen hinzugeben und mit Gewürzen abschmecken. Zum

Beispiel mit Kurkuma, Chili, Cumin, Anis/Fenchel/Kümmel, Dill, Ingwer.

Variante 2: Staudensellerie und Ziegenkäse (oder Feta)
Zwiebel, Knoblauch und Staudensellerie fein schneiden und in Olivenöl oder Butter andünsten. Ein wenig von der Roten Bete untermischen, ebenso den Ziegenkäse. Hier passen Gewürze wie Thymian, Rosmarin, Liebstöckel und Schnittlauch.

Sauce

Für eine leichte Sauce kann man einen Teil der übrigen Roten Bete mit einem Schluck warmen Wasser – oder mit dem Sud aus dem Ofen – und 1 bis 3 Teelöffeln Meerrettich sowie frischem Dill pürieren.

Mareikes Spezial:

Mit der übrig gebliebenen Roten Bete lässt sich entweder ein Rohkostsalat (zum Beispiel mit Meerrettich und geriebenem Apfel) zubereiten, oder du verarbeitest sie in Form von Suppe weiter. Gleiches gilt auch für den Kohl.

Als Topping eignen sich auch hier beliebige Sprossen.

Tipp: Damit die Knolle besser steht, kann man sie unten etwas anschneiden.

Sommer-Wok – auch für Topf oder Pfanne

Inspiration
Im Winter einfach das Gemüse der Saison anpassen.

Hast du diese Woche schon einen Bummel über den Wochenmarkt gemacht?

Hast du all die Gerüche, Farben genossen und dich vielleicht auch das ein oder andere Mal über die Formen einiger Früchte gewundert? Vielleicht hast du manches sogar noch nie vorher gesehen? Auch ich entdecke immer wieder Neues. Dieses Mal hat mich ein Marktbesuch auf Bali inspiriert. Dort gibt es unter anderem kleine Garküchen, wobei der Begriff Küche hier nicht wirklich passend ist. Das Anbraten von Chili, Ingwer, Zwiebeln und Knoblauch hat in der balinesischen Kultur Tradition und bildet zusammen mit der Vielfalt an besonderen Gewürzen die Grundlage für viele Gerichte. Auch der Limettensaft kommt häufig zum Einsatz, vor allem dort, wo roher Fisch zubereitet wird. Das nennt man dann „kalt garen". Durch das Marinieren mit der Säure und einigen Gewürzen wird das Fleisch denaturiert (ähnlich wie beim Erhitzen), sodass er auch roh ohne Bedenken verzehrt werden kann.

Der Vulkanboden auf Bali ist sehr fruchtbar und lässt die unterschiedlichsten Kräuter, Früchte und Gemüse sowie Kakao- und Kaffeebohnen wachsen. Besonders berüchtigt ist der Schleichkatzenkaffee, der als hochpreisigster weltweit gilt.

Daher ist die Vielfalt an Gerichten und ihr Anteil an Gemüse groß. Mit genau dieser Vielfalt im Sinn, machte ich mich dann in

Hamburg auf den Weg zum Wochenmarkt und befüllte meinen Korb mit:

Zutaten

Lauchzwiebeln	Diese Gewürze passen:
Karotten	Chili
Pilze	Cayenne-Pfeffer
Broccoli (Kann auch	Curry
gedünstet und zum Schluss	Rauchsalz
als Einlage dazugegeben	geräuchertes Paprikapulver
werden. So behält er Farbe	Cumin
und Aroma.)	Kurkuma
Paprika	Ingwer
Kokosmilch	
Chilischote	
Ingwer und Knoblauch (wer	
mag)	
Frischer Koriander	
mit etwas Zitronensaft	
servieren	
Suppeneinlage: Konjaknudeln	

Zubereitung:

Chili, Ingwer, Knoblauch, Lauchzwiebeln und Karotten kleinschneiden und in Kokosöl anbraten.

In der Zeit das übrige Gemüse ebenfalls kleinschneiden und hinzufügen.

Nach einigen Minuten kannst du die Kokosmilch dazugießen, mindestens so viel, dass alles bedeckt ist.

Nun lässt du alles zugedeckt circa 15 bis 20 Minuten leise köcheln.

In der Zeit kannst du dann die Konjaknudeln durchspülen und kurz in etwas Wasser aufkochen

Mareikes Spezial:

Die Konjaknudeln kannst du auch durch Quinoa oder Tempeh ersetzen.

Spinat Spezial

Gefüllte Champignons mit Rinderhack

Spinat Spezial

Der Blattspinat kann hohe Mengen Nitrat enthalten. Nitrat kommt natürlicherweise im Boden und im Grundwasser vor, wird aber auch bei der konventionellen Düngung zugeführt.

Saisonal variieren die Nitratgehalte: Je weniger Sonne und Tageslicht eine Pflanze bekommt, desto höher ist der Nitratgehalt. Problematisch kann es werden, wenn aus Nitrat das gesundheitsbedenkliche NITRIT wird.

Für Nitrat in Spinat, Salat und Säuglingsnahrung gibt es EU-weite Höchstwerte. Doch man kann auch einfache Vorkehrungen treffen, um Nitrat- und Nitritgehalte zu verringern.

Indem man zum Beispiel zu Bioprodukten greift. Denn diese werden nicht mit nitrathaltigem Stickstoffdünger versorgt und haben damit in der Regel einen niedrigeren Nitratgehalt. Freilandgemüse ist zusätzlich von Vorteil, da nach Sonneneinstrahlung der Nitratgehalt sinkt.

Spinat-Patty auf Salat

Inspiration
In diesem Gericht hat sich der Spinat auf die Ziege eingelassen. Es muss nicht immer Fleisch sein.

Frischen Blattspinat kurz mit Zwiebeln andünsten.
Anschließend mit Ziegenkäse, Salz, Pfeffer und mediterranen Kräutern mischen.

Optional: etwas Chiasamen oder gekochten Buchweizen zur Bindung hinzugeben.

In Förmchen pressen und bei circa 160 Grad für 15 Minuten in den Ofen geben.

Mit Salat und frischen Sprossen oder warmer Gemüsebeilage servieren.

Mareikes Spezial:
Der nährstoffreiche Spinat liebt die Verbindung mit anderen Lebensmitteln, vor allem denen, die in der Lage sind, seine Oxalsäure zu binden. Dafür eignet sich beispielsweise Käse.

Das Calcium im Käse bindet die Säure schon während des Kochens/Backens und sorgt somit dafür, dass diese vom Organismus leichter ausgeschieden werden kann.

Einmal zubereitet, möchte der Spinat dann doch bald verzehrt werden. Reste, wenn überhaupt, nur kurz und vor allem kühl aufbewahrt und nicht mehrmals wieder aufwärmen. So haben die darin enthaltenen fremden Mikroorganismen weniger Chance für die bedenkliche Umwandlung.

Zutaten

Spinat	Gewürze:
Ziegenkäse	Salz
Blattsalat	Pfeffer
Zwiebel	Mediterrane Kräuter
Ggf. Chiasamen/gekochter	
Buchweizen	

Gefüllte Champignons mit Rinderhack

Vegetarisch: Feta mit klein gehacktem Gemüse nach Wahl anstelle von Fleisch

Zutaten

Lauchzwiebeln	Passende Gewürze:
Champignons	Rosmarin
Hackfleisch (Rind)	Thymian
	Pfeffer
Frische Kräuter:	Paprika
Petersilie	Kräutersalz oder jene, die dich
Koriander	gerade ansprechen

Zubereitung:

Champignons nicht waschen, sonden grob abputzen und die Stiele entfernen.

Das Hackfleisch mit den gehackten Kräutern (so viel du magst) und den Lauchzwiebeln (so viel du magst) sowie mit den Gewürzen vermengen. Anschließend die Masse in die Pilze drücken.

Diese dann in eine Auflaufform mit Butter setzen und zugedeckt mit Alufolie oder Deckel bei 120 Grad für circa 20 bis 30 Minuten in den Ofen geben.

Alternativ kannst du sie auch in eine Pfanne geben und die gefüllten Pilze abgedeckt auf dem Herd in circa 15 Minuten bei mittlerer Hitze zubereiten. Den Deckel möglichst geschlossen lassen, damit der Dampf in der Pfanne bleibt.

Für die Feta-Fraktion:

Für die Füllung zum Beispiel Feta mit klein geschnittenen Oliven oder anderem zerkleinerten Gemüse verwenden.

Mareikes Spezial:

Die Pilzstiele kannst du weiterverarbeiten und zum Beispiel gemeinsam mit Zwiebeln anbraten und für andere Gerichte verwenden, um ihnen ein besonderes Aroma zu geben.

Auf diese Weise lassen sich auch Paprika und Zucchini füllen und überbacken.

Fenchelgemüse

Kurkuma - Schmorgurken

Fenchelgemüse

Inspiration

Hauptsaison für Fenchel ist Juni bis Oktober. Die weiß-grüne Knolle schmeckt sowohl roh als auch gedünstet oder gebraten. Auch in Suppen macht sich dieses vitalstoffreiche Aromabündel gut.

Seinen typischen Anis-Geschmack bekommt der Fenchel durch das enthaltene ätherische Öl aus Anethol, Menthol und Fenchon.

Fenchel enthält eine Reihe an wichtigen Nährstoffen. So stecken in der Fenchelknolle zum Beispiel Mineralstoffe wie Kalzium, Kalium, Magnesium und Eisen. Auch die Vitamine A, C und die für Frauen mit Kinderwunsch enthaltene Folsäure. Die Fenchelfrüchte enthalten eine besonders hohe Wirkstoffkonzentration an ätherischen Ölen. Diese können als Tee bei Magen-Darm-Beschwerden, Blähungen und Völlegefühl helfen und auch bei Babys angewendet werden. Meist sind sie in Kombinationen mit Anis und Kümmel als „Fenchel-Anis-Kümmel-Tee" erhältlich.

Fenchelgemüse auf dem Teller:

Achte darauf, die Knolle sehr gründlich zu waschen, um auch die Zwischenräume der Blätter von Sand zu befreien.

Schneide zuerst Fenchelgrün und Strunkansatz ab. Danach kannst du die Fasern vom Strunk in Richtung Spitze abziehen.

Da die Knolle sehr intensiv schmeckt, schneide sie in feine Scheiben.

Auch das Blattgrün kann, fein gehackt, zum Beispiel zum Würzen verwendet werden.

Zum Dünsten oder Braten den Fenchel halbieren und in dicke Spalten schneiden.

Für Salat den Fenchel hauchdünn schneiden.

Varianten:

✓ zu Fisch oder Fleisch in Form eines Fenchelgemüses (in Butter gegart)

✓ im Ofen gratiniert (zum Beispiel mit Oliven und Feta)

✓ roh gerieben mit Olivenöl und Kräutersalz (als Topping oder im Salat)

✓ in Kokosöl angebraten, zum Beispiel mit Curry, Fenchel harmoniert wunderbar mit Zucchini und Paprika

Kurkuma-Schmorgurken

Inspiration
Von Juli bis Oktober hat die Schmorgurke ihr Coming-Out. Sie ist aromatischer als die Gemüsegurke, hält eine Menge Nährstoffe bereit und wirkt sanft entwässernd.
Zudem bekommst du sie innerhalb der Saison auf den Wochenmärkten zu echten Schnäppchenpreisen.

Zubereitung:
Die klein geschnittenen Paprika in Butter andünsten.
Optional kannst du noch Ingwer dazugeben.
Schmorgurke schälen, der Länge nach halbieren und ggf. grob entkernen. Anschließend in dickere Stücke schneiden.

Gehackten Dill, gemahlenen Kurkuma, Pfeffer und Kräutersalz hinzufügen, bei niedriger Hitze und geschlossenem Deckel circa 15 Minuten schmoren lassen.
Dann vom Herd nehmen und etwas Schmand / saure Sahne und Ganzkornsenf unterrühren.
Wer Lust auf Fleisch hat, kann dieses Gericht mit Rinderhack kombinieren, auch Lachs oder Forelle machen sich prächtig neben der Gurke.

Mareikes Spezial:

Tipp: Den Schmand kannst du als separates Topping/Dip zubereiten: Schmand mit etwas Sud aus dem Topf vermengen und nochmals Gewürze und frische Kräuter hinzufügen. Auch

Sprossen, insbesondere die von Rettich und Radieschen oder Kresse, passen hier besonders gut. Außerdem freut sich das Leinöl an dieser Stelle über Verwendung.

Zutaten

Paprika	Dill
Ingwer	Kurkuma
Butter	Pfeffer
Gurken	Kräutersalz
Schmand / saure Sahne	
Ganzkornsenf	

Zusätzlich: Rinderhackfleisch, Lachs oder Forelle

Genuss mit Herz und Verstand

Wildsalat

Afrikanischer Gemüsesalat

Wildsalat

<u>Inspiration</u>
Salat ist nicht gleich Salat. Gerade die unbekannteren Salate sind es, die vor Nährstoffen und Eigengeschmack nur so strotzen.

Grünes Blattgemüse hat generell meist einen sehr hohen Eisenanteil, aber auch andere wertvolle Nährstoffe wie Vitamine und Mineralien. Hier sind es vor allem Folsäure, Carotinoide (Vorstufe zu Vitamin A) und Calcium, die reichlich enthalten sind.

Oftmals sind es die unbekannten oder verkannten Wildkräuter wie Löwenzahn, Brennnessel, Senfblatt und Sauerampfer, die viel reicher mit Chlorophyll, Vitaminen und Mineralien gespickt sind als herkömmliche Salate.

Zudem haben sie ein viel breiteres Aromenspektrum, welches von scharf bis nussig reicht und damit nicht nur den Zellen, sondern auch dem Gaumen Grund zum Jubeln geben.

Da können Eisberg und Co. nicht mithalten.
Also, warum nicht einmal wilden Pflücksalat mit gegartem Gemüse, Avocado-Gremolata und Parmesan ausprobieren?

Nahrhaft – schmackhaft – simpel. Sei mal neugierig und probiere es aus.

Afrikanischer Gemüsesalat

Weshalb ich ausgerechnet nach Uganda verschlagen wurde? Das ist eine spannende Geschichte und ich erzähle sie dir.

Uganda ist eines der ärmsten Länder der Welt und sicherlich nicht die erste Wahl, wenn du nett Urlaub machen möchtest. Doch darum ging es in meinem Fall nicht. Im Auftrag eines Klienten, dessen Firma unter anderem Nüsse und Trockenfrüchte vertreibt, reise ich nach Uganda, um nach eigens festgelegten Kriterien sein Sortiment um ein paar Produkte zu bereichern. Diese Definitionen bezogen sich unter anderem auf die Verarbeitung (Zuschnitt, Trocknungsverfahren) sowie Nachhaltigkeit und soziale Verantwortung. In Letzterem ging es darum, ein Projekt zu fördern, in dem unter anderem praktisches Wissen weitergegeben wird. So sollten die Menschen ihr Ökosystem, in dem sie leben, besser verstehen, sowie Nutzpflanzen und Heilpflanzen für sich nutzbar machen können, um mehr Autonomität zu gewinnen. Denn du musst dir vorstellen, dass die Mehrheit der Menschen des Landes von der Landwirtschaft leben – sei es als Feldarbeiter oder Kleinbauer. Doch da sie überwiegend als Vertragsbauern für Großkonzerne arbeiten, welche beispielsweise neben genmanipuliertem Saatgut auch Düngemittel und Pestizide bereitstellen, gehen der Bezug und das Wissen um die Natur verloren. Hinzu kommt, dass nur die allerwenigsten rechnen, lesen oder schreiben können und keinerlei Zugang zu Informationen, wie beispielsweise dem Internet oder Literatur haben. Es ist für uns schwer vorstellbar, dass die meisten noch nicht einmal ein einfaches Telefon besitzen. Ausbeutung und Enteignung sind daher keine Seltenheit. Vor allem dass sie mit ihrer eigenen Gesundheit bezahlen und letztendlich auch zur

Ausbeutung der Natur beitragen, wissen sie nicht. Ich sah Frauen mit ihren Babys auf dem Rücken Pestizide sprühen – völlig ungeschützt. Doch im Rahmen meines Projektes besuchte ich auch Kleinbauern, denen es inzwischen möglich war, biodynamisch anzubauen und sich unabhängig von großen Konzernen zu machen. Ich bekam darüber hinaus einen tiefen Einblick in das Überleben der Menschen, welcher sich mit Worten nur schwer beschreiben lässt.

Inspiration

Inspiriert von dieser Reise nach Uganda, entstand dieses Gericht. Blumenkohl, Zwiebeln und unterschiedliche Wurzelarten waren recht verbreitet und oft die einzige Möglichkeit, halbwegs frisches Gemüse zu bekommen. Cashewnüsse waren ebenfalls verfügbar und auch die aufgeführten Gewürze sind typisch. Vor Ort entdeckte ich unter anderem sonnengetrocknete Früchte wie Jackfruit, Ananas, Banane und Mango. Mit ihnen erweiterte sich das Gericht um eine weitere Variante.

Die Zubereitung ist simpel – ob mit oder ohne Früchte – und lässt sich sowohl kalt als auch warm genießen.

Zubereitung:

Den Blumenkohl in sehr kleine Röschen teilen, Karotten und Zwiebel(n) in feine Würfel schneiden (größere Stücke bleiben bissfester).

Für empfindliche Mägen empfehle ich, den Kohl vorzugaren. Auch die Zugabe von Kümmel steigert die Bekömmlichkeit. In einer großen Pfanne Kokosöl oder Butter heiß werden lassen, den Blumenkohl zugeben und circa 10 Minuten bei geringer Wärmezufuhr mit Deckel garen.

Das restliche Gemüse zugeben und weitere 10 Minuten garen.
Nach Belieben kann auch etwas Wasser hinzugegeben werden.
Kurz vor der Fertigstellung kannst du Gewürze und klein geschnittene Trockenfrüchte unterrühren und noch etwas ziehen lassen.

Den Koriander waschen, trocken schütteln und hacken.
Die Cashewnüsse grob hacken und zusammen mit dem Koriander unterrühren.

Den Salat lauwarm oder kalt servieren.

Mareikes Spezial:
Aus den übrigen Portionen lässt sich leicht eine Blumenkohlsuppe machen. Einfach mit etwas Flüssigkeit aufgießen, pürieren und nachwürzen. Als Topping passen auch geröstete Mandeln oder Kräuter, wie Minze, Kerbel oder Liebstöckel.

Zutaten

Zwiebeln
Blumenkohl
Karotten
frischer Koriander
Cashewnüsse
Trockenfrüchte nach Wahl
sowie passende Gewürze

*: Bezugsquellen und
empfohlene Produkte auf
meiner Webseite

Passende Gewürze: Curry,
Kardamom, Zimt, Kurkuma,
Muskat-/Yogi-
Gewürzmischung aus dem
„Aromagarten"

Afrikanische Beilagen:
Bohnen, grüne Erbsen (zum
Beispiel in Form von
Erbsenpüree mit Minze),
Hirse, Süßkartoffeln

Heimisches Obst und Gemüse

Die meisten Obst- und Gemüsearten werden heute das ganze Jahr über angeboten. Der Anbau auf der Südhalbkugel der Erde lässt uns vergessen, was wann bei uns wächst. Viele Supermärkte bieten selbst in der heimischen Saison importiertes Obst und Gemüse an. Peruanischer Spargel zu Weihnachten, Erdbeeren aus Marokko kannst du zu Ostern genießen und Pfingsten kannst du dir südafrikanische Weintrauben schmecken lassen.

Weite Lebensmitteltransporte verbrauchen viel Energie und belasten das Klima durch die freigesetzten Treibhausgase. Dies gilt in verstärktem Maße bei Flugzeugtransporten. Aber auch die heimische Produktion kann sehr umweltbelastend sein, wenn sie außerhalb der Saison in beheizten Treibhäusern stattfindet, zum Beispiel beim Tomatenanbau im Frühjahr. Bei der Preisgestaltung spielen Produktions-, Lager- und Transportkosten meist eine geringe Rolle. Vielfach werden sie auch auf andere Lebensmittel umgelegt.

Der Preis bietet also für viele Verbraucher keinen Anreiz, heimische Ware der Saison zu bevorzugen – Gesundheits- und Umweltaspekte dagegen umso mehr:

Heimisches Obst und Gemüse enthält weniger Rückstände von Pflanzenschutzmitteln als importierte Ware. Noch besser schneiden Öko-Produkte ab, in denen überwiegend keine Pestizidrückstände nachweisbar sind. Mit dem Kauf von Biogemüse und -obst punktest du zusätzlich beim Klimaschutz.

Der Einkauf auf dem Wochenmarkt oder beim Erzeuger unterstützt heimische Arbeitsplätze und spart Verpackungsmaterial. Achte dabei auf die Herkunftsangaben, da Ware teilweise zugekauft wird.

Durch kurze Vertriebswege werden Energie und Treibhausgase eingespart und so das Klima geschont. Die Verringerung des Verkehrsaufkommens bedeutet außerdem weniger Lärm und weniger Straßenschäden. Das gilt auch für die eigenen Einkäufe. Am besten ist es, wenn du deinen Einkauf zu Fuß oder per Fahrrad erledigst. So hast du gleich eine kleine Bewegungseinheit in deinen Alltag eingebaut. Wenn du dennoch das Auto bevorzugst, kannst du deinen Einkauf zumindest vielleicht auf deinem Arbeitsweg erledigen.

In den folgenden Abbildungen der **Verbraucherzentale** findest du eine Übersicht über saisonales Obst und Gemüse.

	Jan	Feb.	März	April	Mai	Juni	Juli	Aug.	Sept.	Okt.	Nov.	Dez.
Äpfel	L	L	L	L	L			F	F	F	L	L
Aprikosen							F	F				
Birnen	L							F	F	L	L	L
Brombeeren								F	F	F		
Erdbeeren					Ü	F	F	F	F	Ü		
Heidelbeeren								F				
Himbeeren						Ü	F	F				
Johannisbeeren						F	F	F				
Kirschen, sauer							F	F				
Kirschen, süß						Ü	F	F				
Mirabellen							F	F				
Pfirsiche							F	F				
Pflaumen								F	F			
Quitten										F	F	
Stachelbeeren							F	F	F			
Tafeltrauben								F	F	F		
	Jan	Feb.	März	April	Mai	Juni	Juli	Aug.	Sept.	Okt.	Nov.	Dez.

	Jan.	Feb.	März	April	Mai	Juni	Juli	Aug.	Sep.	Okt.	Nov.	Dez.
Blumenkohl				🌿	🟩	🟩	🟩	🟩	🟩	🟩	🟩	
Bohnen							🟩	🟩	🟩	🟩		
Brokkoli					🟩	🟩	🟩	🟩		🟩		
Chicorée	🟨	🟨	🟨	🟨	🟨	🟨	🟨	🟨	🟨	🟨	🟨	🟨
Chinakohl	🟨	🟨	🟨	🟨	🌿	🟩	🟩		🟩			🟨
Grünkohl	🟩	🟨								🟩	🟩	🟩
Gurken: Salat-, Minigurken		🟧	🟧	🟧	🟧	🟧	🟧	🟧	🟧			
Gurken: Einlege-, Schälgurken						🟩	🟩	🟩	🟩			
Erbsen						🟩	🟩	🟩	🟩			
Kartoffeln	🟨	🟨	🟨	🟨	🟨	🟩/🟨	🟩/🟨	🟩/🟨	🟩/🟨	🟩/🟨	🟩/🟨	🟨
Knollenfenchel						🟩	🟩	🟩	🟩	🟩		
Kohlrabi					🟩/🟨	🟩	🟩	🟩	🟩	🟩	⌂	
Kürbis	🟨	🟨	🟨						🟩	🟩	🟩	🟨
Möhren	🟨	🟨	🟨	🟨	🟨	🟩/🟨	🟩	🟩	🟩	🟩	🟩	
Pastinaken	🟨	🟨	🟨	🟨						🟩	🟩	🟨
Porree	🟩/🟨	🟩/🟨	🟩/🟨	🟩	🟩	🟩	🟩	🟩	🟩	🟩	🟩	🟩
Radieschen				🌿	🟩	🟩	🟩	🟩	🟩	🟩	🟩	
Rettich	🟨	🟨	🟨	🟨	🟩/🟨	🟩	🟩	🟩	🟩	🟩	🟩	🟨
Rhabarber				🌿	🟩	🟩	🟩	🟩				
Rosenkohl	🟩/🟨	🟩/🟨	🟨							🟩	🟩	🟩
Rote Bete	🟨	🟨	🟨	🟨	🟨	🟩	🟩	🟩	🟩	🟩	🟩	🟨
Rotkohl	🟨	🟨	🟨	🟨	🟨	🟩/🌿	🟩	🟩	🟩	🟩	🟩	🟨
Schwarzwurzel	🟨	🟨	🟨						🟩	🟩	🟩	🟨
	Jan.	Feb.	März	April	Mai	Juni	Juli	Aug.	Sep.	Okt.	Nov.	Dez.

	Jan.	Feb.	März	April	Mai	Juni	Juli	Aug.	Sep.	Okt.	Nov.	Dez
Sellerie: Knollensellerie	Lager	Lager	Lager	Lager	Lager	Lager	Freiland	Freiland	Freiland	Freiland	Freiland	Lager
Sellerie: Stangensellerie					Freiland	Freiland	Freiland	Freiland	Freiland	Freiland	Freiland	
Spargel				Freiland (Beginn)	Freiland	Freiland						
Spinat				Freiland	Freiland	Freiland	Freiland	Freiland	Freiland	Freiland	Freiland	
Spitzkohl	Lager	Lager		Freiland (Beginn)	Freiland	Freiland	Freiland	Freiland	Freiland	Freiland	Freiland	Lager
Steckrüben (Kohlrüben)	Lager	Lager	Lager						Freiland	Freiland	Freiland	Lager
Tomaten: geschützter Anbau						Freiland (Beginn)	Freiland (Beginn)	Freiland (Beginn)	Freiland (Beginn)			
Tomaten: Gewächshaus			Gewächshaus	Gewächshaus	Gewächshaus	Gewächshaus	Gewächshaus	Gewächshaus	Gewächshaus	Gewächshaus	Gewächshaus	
Weißkohl	Lager	Lager	Lager	Lager	Lager	Lager	Freiland	Freiland	Freiland	Freiland	Freiland	Lager
Wirsingkohl	Lager	Lager	Lager	Lager	Lager	Lager	Freiland	Freiland	Freiland	Freiland	Freiland	Lager
Zucchini						Freiland (Beginn)	Freiland	Freiland	Freiland	Freiland		
Zuckermais								Freiland	Freiland	Freiland		
Zwiebeln	Lager	Lager	Lager	Lager	Lager	Lager	Freiland	Freiland	Freiland	Freiland	Lager	Lager
Zwiebeln: Bund-, Lauch-, Frühlings-				Freiland (Beginn)	Freiland	Freiland	Freiland	Freiland	Freiland	Freiland		
Salate												
Eissalat					Freiland (Beginn)	Freiland	Freiland	Freiland	Freiland	Freiland		
Endiviensalat					Freiland (Beginn)	Freiland	Freiland	Freiland	Freiland	Freiland	Freiland	
Feldsalat	Freiland (Beginn)	Freiland (Beginn)	Freiland (Beginn)	Freiland (Beginn)	Freiland	Freiland	Freiland	Freiland	Freiland	Freiland	Freiland (Beginn)	Freiland (Beginn)
Kopfsalat, Bunte Salate				Gewächshaus	Gewächshaus	Freiland (Beginn)	Freiland	Freiland	Freiland	Freiland	Gewächshaus	
Radiccio							Freiland	Freiland	Freiland	Freiland	Freiland	
Romanasalate					Freiland (Beginn)	Freiland	Freiland	Freiland	Freiland	Freiland	Freiland	
Rucola (Rauke)				Freiland (Beginn)	Freiland	Freiland	Freiland	Freiland	Freiland	Freiland		
	Jan.	Feb.	März	April	Mai	Juni	Juli	Aug.	Sep.	Okt.	Nov.	Dez.

Sehr geringe Klimabelastung:	☀	Freilandprodukte
Geringe bis mittlere Klimabelastung:		„Geschützter Anbau" (Abdeckung mit Folie oder Vlies, ungeheizt)
		Lagerware
		Produkte aus ungeheizten oder schwach geheizten Gewächshäusern
Hohe Klimabelastung		Produkte aus geheizten Gewächshäusern

Leider wird in der Regel nicht gekennzeichnet, ob das Gemüse aus dem Freiland oder aus Gewächshäusern stammt und ob das Obst per Flugzeug transportiert wurde. Da das Herkunftsland aber bei fast allen Obst- und Gemüsearten angegeben werden muss, lässt sich weit gereiste Ware vermeiden.

An dieser Stelle zitiere ich die **Verbraucherzentrale** und bedanke mich für die angenehme und freundliche Zusammenarbeit.

„Unsere Einkaufshilfe zeigt Ihnen, wann heimische Ware* Saison hat oder aus dem Gewächshaus kommt. Zur schnelleren Unterscheidung haben wir die Symbole in den Ampelfarben gestaltet: Rot kennzeichnet hohen, Gelb mittleren und Grün sehr geringen Energieverbrauch und entsprechende Klimabelastung. Rot bedeutet nicht, dass wir von diesen Produkten abraten.

Wir möchten Sie aber darauf aufmerksam machen, dass es zur selben Zeit viele Alternativen gibt, die mit niedrigerem Energieverbrauch erzeugt wurden und damit das Klima weniger belasten. Wenn Sie heimisches Obst und Gemüse in der Hauptsaison kaufen, verwöhnen Sie Ihren Gaumen und schützen gleichzeitig das Klima.

* Obst- und Gemüsearten mit geringem Marktanteil sind nicht erfasst, daher finden Sie z.B. keine Freilandtomaten"

Du hast nun schon einiges über Nahrungsmittel und Lebensmittel gelesen. Um dir einen besseren Überblick zu verschaffen, findest du hier eine Tabelle, die dir den Unterschied und die Zuordnung jeweils erleichtern und als Orientierungshilfe dienen kann.

Die Ordnung unserer Nahrung (nach Prof. Werner Kollath)

In der folgenden Ernähungstabelle nach Prof. Werner Kollath findest du die Wertigkeit unserer täglichen Nahrung von links nach rechts abnehmend. Gekochtes, Konserviertes und Präpariertes ist die tägliche Nahrung der meisten Menschen.

Welche Nahrung konsumierst du?

Lebensmittel		
Natürlich	Mechanisch verändert	fermentativ verändert (Bakterien, Hefen, Eigenfermente)
✓Getreide Buchweizen, Amaranth, Quinoa ✓Nüsse, Samen, Ölsaaten, Obst ✓Salate, Gemüse ✓frische Kräuter ✓Honig (kalt geschleudert)	✓frisch gemahlen, keimfähig ✓Nüsse (frisch gemahlen) ✓kalt gepresste Öle ✓Obstsalat (aus frischem Obst) ✓Frischkost (Wurzel-, Blüten-, Blatt-, Stängel- und Fruchtgemüse) ✓Rohmarmelade	✓Ungekochtes, unerhitztes Frischkorngericht ✓Gärgemüse, z. B. Sauerkraut, milchsaures Gemüse
✓Eier ✓Muttermilch ✓Rohmilch, z. B. Kuh-, Schaf-, Ziegenmilch	✓rohes Fleisch ✓Rohmilchprodukte (z. B. Butter, Sahne)	✓Tatar ✓Gärmilchprodukte aus Rohmilch (z. B. Käse, Quark, Sauerrahm, Joghurt, Dickmilch, Kefir, Buttermilch, Molke)
✓Quellwasser	✓frische Obstsäfte, ✓Leitungswasser ✓(ohne chemische Zusätze)	✓Alkoholische Gärgetränke, z. B. Apfelmost, Wein, Bier aus biologischer Produktion

Nahrungsmittel		
erhitzt	konserviert Erhitzung, Trocknung, Konservierungsstoffe	präpariert technische Prozesse, isolierte Nährstoffe, chemische Substanzen
✓Vollkornbrot, -kuchen, -gebäcke aus frisch gemahlenem Getreide ✓gekochte Gerichte, z. B. Vollkornreis, Kartoffeln, Vollkornnudeln, Hirse, Hülsenfrüchte) ✓gekochtes Obst, z. B. Bratäpfel, Obstkompott ✓gekochtes Gemüse	✓Dauerbackwaren, z. B. Kuchen, Knäckebrot, Zwieback ✓Fruchtkonserven, z. B. Marmelade ✓Trockenfrüchte, Gemüsekonserven ✓Babynahrung, z. B. Gemüse im Glas	✓alle Fabrikzuckerarten und Produkte daraus, z. B. Kristallzucker, Bonbons, Schokolade) ✓Auszugsmehl und Produkte, z. B. Weiß- und Graubrot, Gebäck, „weiße" Nudeln, geschälter „weißer" Reis, Stärke ✓Raffinierte Öle und Margarine ✓Vitaminpillen, Aromastoffe, Wuchsstoffe
✓Fleisch, Fisch, Eier (gebraten oder gekocht) ✓erhitzte (pasteurisierte) Milch und Milchprodukte	✓Tierkonserven (z. B. Fleisch, Fisch, Wurst) ✓H-Milch, H-Sahne (H = haltbar durch ultrahocherhitzen) ✓sterilisierter Schulkakao	✓Tierpräparate, z. B. Trockenei, Fleischextrakt ✓Milchpulver ✓Säuglingsnahrung
✓Tee, frische Gemüsebrühe, Getreidekaffee	✓Obst und Gemüsesäfte aus Konzentrat	✓Künstliche Getränke, z. B. Cola, Alcopops, Limonaden usw.

Ich bin dankbar

Bevor ich ein Gericht zu mir nehme, betrachte ich es, atme tief durch und widme mich dann mit allen Sinnen dem, was vor mir auf dem Teller liegt. So kann ich meiner Nahrung die angebrachte Würdigung entgegenbringen und die Aufmerksamkeit auf die Wahrnehmung richten.
Ich werde mir der Wirkung des Produkts, der Menschen und auch anderer Lebewesen, die zu seiner Entstehung, Beschaffung und Zubereitung beigetragen haben, bewusst. Ich rieche und schmecke genau hin, kaue genüsslich und spüre, wie Bissen für Bissen jede Zelle mit Wohlgefühl und Lebendigkeit durchströmt wird, bis in die feinsten Fasern meines Körpers. Ich kann dann einfach nicht anders als zu lächeln."

Viele Menschen finden auf diesem Weg zu einer bewussteren Lebensführung. Sie beginnen, ihr Konsumverhalten in Bezug auf die Ernährung zu hinterfragen und zu verändern.
Sie nehmen eine achtsamere Haltung ein, bekommen ein besseres Gespür für ihren Körper und seine tatsächlichen Bedürfnisse. Sie legen mehr und mehr Wert auf Qualität und erlangen eine andere Sicht auf ökonomische wie gesellschaftliche Aspekte.

Das steigert garantiert nicht nur den Genusswert, sondern auch den Gesundheitswert und trägt insgesamt zu einer höheren Lebensqualität (aller) bei.

Nimm dir „mal Zeit", feiere deine MahlZEIT und lächele! ☺

Über die Autorin

Mareike Weisenfeld wurde 1986 in Hamburg geboren und ist ausgebildete ganzheitliche Ernährungsberaterin und Individual-Coach aus Berufung. Sie berät Einzelpersonen und gastronomische Gewerbe in Ernährungsfragen und bietet Einzelcoachings und Retreats für kleinere Gruppen an. Ihr Engagement in verschiedenen sozialen Institutionen ist für Mareike eine Herzensangelegenheit.

Ganz nach dem Motto „Der Weg ist das Ziel" bildet sie sich stetig fort, um ihre fachliche Basis laufend zu erweitern und das Fundament ihrer ganzheitlichen Herangehensweise zu stärken.

Neben ihrem fundierten Fachwissen sind die eigentlichen Stärken von Mareike ihre Menschenkenntnis, ihre Intuition und die Fähigkeit, auch zwischen den Zeilen zu lesen. Mit viel Ruhe,

Empathie, Offenheit, Herzlichkeit und Hingabe nimmt sie sich ratsuchenden Menschen stets auf Augenhöhe an und unterstützt diese wirkungsvoll dabei, eigene Blockaden zu identifizieren, aufzulösen und Wege für ein nachhaltig bewussteres, gesünderes und erfüllteres Leben zu erkennen.

Mareikes Vorgehensweise zeichnet sich stets durch zielorientierte Impulse und viel Raum für Selbsterkenntnis aus. Auf diese Weise findet sich immer ein Weg für nachhaltige Veränderung. Lass auch du dich von Mareikes positiver Energie verzaubern und du wirst dir selbst und deinen Möglichkeiten näher kommen.

Die Ernährungsberatung nimmt in Mareikes ganzheitlicher Betrachtungsweise eine besondere Stellung ein. Mit der bewussten Auseinandersetzung und Optimierung der eigenen Denk- und Essgewohnheiten zu beginnen, wirkt oft schon kleine Wunder, denn sie mobilisiert neue Energien, schenkt Lebensfreude und kann darüber hinaus den Weg für viele weitere positive Veränderungen ebnen. Eine bewusste, gesundheitsfördernde Ernährung, die immer auch lustvoll sein soll, ist nicht nur für den Körper eine Wohltat, sie ist die Basis für umfassendes Wohlbefinden.

Mit diesem Buch gibt dir Mareike einen wertvollen Leitfaden voller Inspirationen, fundierten Informationen und wunderbaren Rezepten an die Hand, mit deren Hilfe du deinem Innersten Gutes tun kannst. Komme deinem Bauchgefühl wieder näher und tausche alte Gewohnheiten gegen neue ein. Immer wieder wirst du hierfür in diesem Buch wertvolle Tipps und Motivation finden. Versprochen.

Interview mit der Autorin

Fabian Schneider (Archivar und Bibliothekar) fragte Mareike, weshalb sie dieses Buch geschrieben hat und es sprudelte nur so aus ihr heraus.

„Als medizinische Kosmetikerin habe ich einige Jahre in einer dermatologischen Praxis gearbeitet und durfte die unterschiedlichsten Hautbilder und -probleme behandeln. Ich stellte schnell fest, dass sowohl die Psyche als auch die Ernährung das Hautbild maßgeblich beeinflussen. So fing ich an, einen ganzheitlichen Ansatz zu verfolgen und Ursachen von innen heraus anzugehen. Die positiven Auswirkungen von mentaler Arbeit und Ernährung faszinierten mich immer wieder aufs Neue und es folgten entprechende Aus- und Weiterbildungen. Abgesehen von meinen eigenen Erfahrungen, habe ich viele intensive Beobachtungen im eigenen Umfeld und darüber hinaus gemacht und mir viele Fragen gestellt, wie zum Beispiel diese: Wie will man bitte Gesundheit und Lebensfreude von alten oder kranken Menschen wiederherstellen, wenn man sie mit leeren, toten, lebensfremden Nahrungsmitteln füttert, die den Organismus eher belasten!?

Doch selbst wenn man die Wahl hat – (in unserer Gesellschaft) i(s)st es nicht immer leicht, für sich und seine Bedürfnisse einzustehen, zumindest ging es mir so.

Wer kennt sie nicht, die Firmen- und Familienfeiern oder Geburtstage? Ich spürte ganz genau, was mir guttut und was mein Körper und meine Seele brauchten. Und das war mit den Augen der anderen betrachtet nun mal nicht „normal", sondern „komisch". *grins*

Genuss mit Herz und Verstand

Weshalb sollte ich freiwillig etwas essen oder trinken, was ich nicht mochte bzw. was einfach nicht dem entsprach, was mir und meinem Körper in dem Moment tatsächlich gutgetan hätte?

Um gesellschaftsfähig zu bleiben? Um dazuzugehören? Um Diskussionen aus dem Weg zu gehen? Um andere zufriedenzustellen? Nein. Oft genug hatte ich es bereut, mein Bauchgefühl übergangen zu haben, um mich nicht dauernd rechtfertigen zu müssen oder schief angeschaut zu werden. Heute fällt es mir nicht nur leicht, selbstbewusst und klar zu kommunizieren, was mir guttut, und selbstverantwortlich zu handeln, sondern ich genieße es und nehme mir diese Freiheit.

Es ist interessant, wie sich unser Essverhalten über Generationen hinweg geprägt hat und welche Gewohnheiten daraus entstanden sind. Gesellschaft, Industrie und Medien tragen ihr Übriges bei und machen die „Norm" perfekt.

Für ein gesundes, intuitives Essverhalten und ein tiefergehendes Bewusstsein für Lebensmittel und deren Konsum werden kaum Impulse gesetzt und wir Verbraucher haben uns daran gewöhnt. Egal ob wir es einfach nicht anders kennen oder wir uns vielleicht einer bestimmten Diät/Ernährungsform verschrieben haben – es lohnt sich immer wieder aufs Neue, offen zu sein und (Ernährungs-)Routinen zugunsten einer natürlichen Balance zu hinterfragen, um Klarheit über unsere innersten Bedürfnisse zu erlangen. So können wir nicht nur unseren Körper, sondern auch Geist und Seele bestens nähren.

Aus eigener Erfahrung kann ich sagen, dass ich, seitdem ich begonnen habe, über meinen Tellerrand zu schauen (und auch vielen dabei zugesehen habe und begleiten durfte) einige wertvolle

Erkenntnisse, Selbstkenntnis und Lebensqualität dazugewonnen habe. Dies teile ich nun, um andere Menschen auf ihrem Weg zu inspirieren."

Du möchtest mehr wissen?
Dann besuche Mareike auf ihrer Website und finde Informationen zu Workshops, Retreats, Webinaren und persönlicher Beratung.
Sag Mareike wie deine Erfahrungen sind. DEINE ERFAHRUNG MOTIVIERT!

Sollte dich dieses Buch bereits in einer positiven Veränderung unterstützt haben, dann freuen wir uns. Sende Mareike DEIN FEEDBACK zum Buch und berichte gern öffentlich über deine Erfolge, um auch andere Menschen daran teilhaben zu lassen."

https://www.vital-coaching.hamburg/

Mareike Weisenfeld
Vitalcoaching Online oder in Hamburg

Sende eine Mail an: info@vital-coaching.hamburg

Danke, dass du dich diesem Buch geöffnet hast.

Unsere Buchempfehlungen der anderen Autorenperlen

Benita Justus
Die Profilerin – Wie ich lerne, Menschen zu lesen wie ein Buch

ISBN Hardcover-Print 978-3-949536-02-1
ISBN Softcover-Print 978-3-949536-07-6
ISBN E-Pub 978-3-949536-06-9

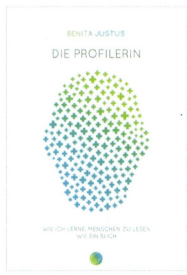

Das Wissen der headbased-Methode wird dir beim Aufbau von persönlichen Beziehungen, Führung von Mitarbeitenden, im Vertrieb und bei vielem mehr im Leben helfen.

Dank der Lektüre kannst du anschließend zwischen Gesichtsmerkmalen einen klaren Zusammenhang herstellen und dein Verhalten bewusst auf die Bedürfnisse deines Gegenübers anpassen.

Du erlernst ein System, das dir dabei hilft, objektiv einen klaren Zusammenhang zwischen bestimmten Gesichtsmerkmalen und Charaktereigenschaften herzustellen.

Dank des Profiling kannst du einen Menschen schon bei der ersten Begegnung richtig einschätzen und bessere und bewusste Entscheidungen treffen.

www.headbased.com

Sandra Polli Holstein

rumgeKREBSt - mit Chemo, Charme und Schabernack

ISBN Softcover-Print 978-3-949536-01-4
ISBN E-Pub 978-3-949536-05-2

Ihr Leben läuft nach Plan - besser noch: Polli lebt ihre Träume.

Als Mädchen vom Lande schafft sie es auf die Musical-bühne, trifft dort den Mann ihres Lebens und verliert ihn kurz darauf aus den Augen.

20 Jahre später: Polli ist verheiratet, beruflich erfolgreich, Mutter eines Sohnes und dann kommt der Tag, der alles verändert.

Ahnungslos für einen Check-up in der Klinik, kommt sie nicht wieder nach Hause. Stattdessen erhält die quirlige Frau die Schockdiagnose Krebs. Von Anfang an erzählt sie ganz offen über ihre Erlebnisse, Gefühle, Therapie und den manchmal ziemlich verrückten Krankenhaus-, Behörden- und Versicherungswahnsinn. Immer mit einem zwinkernden Auge und ihrer großen Leidenschaft zum Leben. Begleite Polli auf ihrer Reise durch die Krebsachterbahnfahrt der Gefühle und nimm den ein oder anderen Geheimtipp mit in dein Leben. Denn es gibt ein Leben vor und mit etwas Glück auch nach dem Krebs.

https://pollis-seitenblicke.de/

Marion Glück

Das Leben ist BUND – Die lange Depression

ISBN Softcover-Print 978-3-949536-00-7
ISBN E-Pub 978-3-949536-08-3

"Nur sprechenden Menschen kann geholfen werden" sagte Marion Glück als Marineoffizier zu ihren Soldaten. Doch sie selbst traute sich nicht mit anderen über ihre Probleme zu sprechen. Als sie sich doch überwand, wurde sie als Hypochonder belächelt und abgestempelt. Trotz großer Familie und engem Freundeskreis, fühlte sich die Autorin jahrelang unglücklich und einsam. Mobbing, Depressionen und Suizidgedanken bestimmten ihr Leben. In diesem Buch erzählt die Autorin ihre Geschichte. Mit humorvoller Leichtigkeit schafft sie es diese sensiblen Themen darzustellen und entmystifiziert gleichzeitig den Alltag in einer psychosomatischen Klinik während ihrer Therapie.

www.gluecksuniversum.de